GESTÃO FINANCEIRA MODERNA

UMA ABORDAGEM PRÁTICA

SÉRIE GESTÃO FINANCEIRA

Série Gestão Financeira
Emir Guimarães Andrich
June Alisson Westarb Cruz

Gestão financeira moderna
uma abordagem prática

2ª edição

Rua Clara Vendramin, 58
Mossunguê . CEP 81200-170 . Curitiba . PR . Brasil
Fone: (41) 2106-4170
www.intersaberes.com
editora@intersaberes.com

Conselho editorial	Dr. Alexandre Coutinho Pagliarini
	Drª Elena Godoy
	Dr. Neri dos Santos
	Mª Maria Lúcia Prado Sabatella
Editora-chefe	Lindsay Azambuja
Gerente editorial	Ariadne Nunes Wenger
Assistente editorial	Daniela Viroli Pereira Pinto
Edição de texto	Monique Francis Fagundes Gonçalves
Capa	Charles L. da Silva (*design*)
	robuart/Shutterstock (imagem)
Projeto gráfico	Raphael Bernadelli
Diagramação	Icone Ltda.

Foi feito o depósito legal.
1ª edição, 2013.
2ª edição, 2023.

Dados Internacionais de Catalogação na Publicação (CIP)
(Câmara Brasileira do Livro, SP, Brasil)

Andrich, Emir Gimarães
　　Gestão financeira moderna : uma abordagem prática / Emir Gimarães Andrich, June Alisson Westarb Cruz. -- 2. ed. -- Curitiba, PR : InterSaberes, 2023. -- (Série Gestão financeira)

　　Bibliografia.
　　ISBN 978-85-227-0819-2

　　1. Análise de investimentos 2. Economia 3. Fluxo de caixa 4. Gestão financeira I. Cruz, June Alisson Westarb. II. Título. III. Série.

23-167494　　　　　　　　　　　　　　　　　　　CDD-658.15

Índices para catálogo sistemático:
1. Gestão financeira : Empresas : Administração　658.15
Eliane de Freitas Leite – Bibliotecária – CRB 8/8415

Informamos que é de inteira responsabilidade dos autores a emissão de conceitos.

Nenhuma parte desta publicação poderá ser reproduzida por qualquer meio ou forma sem a prévia autorização da Editora InterSaberes.

A violação dos direitos autorais é crime estabelecido na Lei nº 9.610/1998 e punido pelo art. 184 do Código Penal.

*"Existe o risco que você não pode jamais
correr, e existe o risco que você não pode
deixar de correr."*
Peter Drucker

A Jessilda e a Vilma,
pela inspiração de todos os dias.

Sumário

Apresentação • 11

1

Gestão financeira • 15

1.1 Entendendo a moeda • 17

1.2 Contexto geral da administração financeira • 21

1.3 Desafios da gestão financeira moderna • 21

1.4 Origens do capital • 23

1.5 Controle financeiro • 25

1.6 Regimes de caixa e de competência • 26

1.7 Aspectos tributários • 28

1.8 Principais ferramentas da gestão financeira • 29

2

Receitas e gastos • 33

2.1 Receitas • 35

2.2 Gastos • 36

3

Orçamento empresarial • 47

3.1 Contexto geral do orçamento • 49

3.2 Orçamento e planejamento estratégico • 50

3.3 Orçamento em pequenas e médias empresas • 53

3.4 Estrutura do orçamento empresarial • 54

3.5 Orçamento empresarial e Demonstração
do Resultado do Exercício (DRE) • 58

3.6 Orçamento empresarial e gestão financeira • 60

3.7 Orçamento empresarial: limitações e críticas • 62

4

Fluxo de caixa • 67

4.1 Contexto geral do fluxo de caixa • 69

4.2 Demonstração dos Fluxos de Caixa (DFC) • 70

4.3 Métodos de elaboração da DFC • 71

4.4 Fluxo de caixa • 75

5

Gestão financeira na prática • 91

5.1 Contexto geral • 93

5.2 Capital de giro • 94

5.3 Capital de Giro Líquido (CGL) • 97

5.4 Administrando com eficiência o capital de giro • 99

5.5 A importância dos estoques • 101

5.6 A importância das contas a receber • 105

5.7 Compatibilizando prazos: o ciclo operacional • 109

5.8 Posicionamento de atividade • 112

5.9 Prazos médios para o cálculo da necessidade
de capital de giro • 116

6

Elementos de análise de investimentos • 121

6.1 Contexto geral • 123

6.2 O valor do dinheiro no tempo e o custo de oportunidade • 125

6.3 Taxa Mínima de Atratividade (TMA) • 127

6.4 Valor Presente Líquido (VPL) • 128

6.5 Taxa Interna de Retorno (TIR) • 132

6.6 Período de Retorno do Capital (*Payback*) • 135

Para concluir... • 143

Referências • 145

Respostas • 149

Sobre os autores • 153

Apresentação

Administradores, contadores, economistas, advogados e outros profissionais envolvidos em processos de gestão são unânimes em reconhecer as dificuldades inerentes ao exercício da atividade empresarial no Brasil.

Embora as críticas mais veementes sejam dirigidas ao elevado custo tributário do país, talvez não seja esse o nosso maior problema. É evidente que a submissao a uma carga tributária pesada, sem o correspondente retorno em serviços públicos e infraestrutura de qualidade, é um fator inibidor do crescimento. No entanto, o que realmente compromete e dificulta um maior desenvolvimento é a extrema minúcia, a instabilidade e a falta de padronização desse sistema.

As mudanças constantes nas esferas econômica e tributária tornam o planejamento a médio e longo prazo uma tarefa quase impossível. O custo de readequação de sistemas e de redefinição de estratégias de atuação, provocadas por essa instabilidade, exige de todos os gestores uma capacidade ímpar de se readequar e reposicionar todos os dias. Gestores experientes, consultores e especialistas, estudantes e profissionais liberais – ninguém escapa. Para acompanhar a montanha-russa que são as regras brasileiras para o setor produtivo, é preciso uma atualização constante.

Esta pequena obra, nesse sentido, é uma contribuição didática para quem está submetido ao desafio diário de atualização. Respeitando o rigor conceitual sem exagerar nos formalismos acadêmicos, abordamos temas essenciais à gestão financeira. Como os conceitos em finanças geralmente são genéricos, ou seja, tanto servem às pessoas físicas, na administração de seus orçamentos domésticos, quanto às pequenas, médias e grandes empresas, com ou sem fins lucrativos, certamente você encontrará nestas páginas informações valiosas para o controle e a gestão do ativo mais escasso e importante para as empresas: seus recursos financeiros.

Reunimos neste pequeno volume conceitos que são fundamentais para a formação básica do administrador financeiro, introduzindo noções elementares sobre:

- aspectos tributários;
- orçamento;
- fluxo de caixa;
- capital de giro; e
- análise de investimentos.

Sem a pretensão de esgotar esses temas, que isoladamente justificariam a produção de obras específicas, destacamos a ligação essencial que cada um mantém com a gestão financeira, apresentando de forma didática, com exercícios teóricos e práticos resolvidos, algumas ferramentas associadas a esses assuntos que são de uso comum nas empresas.

Esta obra se destina, assim, a todos aqueles que se sentem desafiados, no seu cotidiano, a buscar soluções inovadoras e efetivas para a gestão de recursos financeiros. De modo mais específico, destina-se também a estudantes dos níveis de graduação e pós-graduação interessados em conhecer conceitos clássicos da administração financeira, interpretados sob uma perspectiva prática e utilitária.

Boa leitura!

1

Gestão financeira

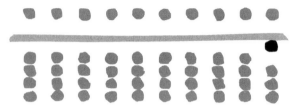

Conteúdos do capítulo

- Origens da moeda.
- Contexto geral da administração financeira.
- Desafios da gestão financeira moderna.
- Origens do capital.
- Regimes de caixa e de competência.
- Aspectos tributários na administração financeira.
- Principais ferramentas de gestão financeira.

Após o estudo deste capítulo, você será capaz de:

1. compreender a importância dos ativos circulantes para as organizações;
2. identificar os tipos de capitais utilizados pelas empresas em suas atividades;
3. entender a diferença entre os regimes de caixa e de competência;
4. mensurar a importância da administração financeira para a continuidade de determinada entidade, seja ela pública, seja privada, com ou sem fins lucrativos.

1.1 Entendendo a moeda

No princípio, a humanidade vivia de forma nômade, sobrevivendo da caça, da pesca e da extração natural. Por milênios, os seres humanos foram se desenvolvendo até que descobriram que podiam cultivar a terra para dela extrair o seu sustento. Como consequência desse processo, abandonaram o nomadismo e passaram a viver de forma sedentária. A produção de parte dos gêneros necessários à sua sobrevivência provocou o surgimento dos excedentes. A partir desse momento, desenvolveu-se naturalmente a prática do escambo, que nada mais era do que a troca de bens sem a intermediação do dinheiro, tal como o conhecemos hoje. Assim, tornou-se comum que as comunidades negociassem os gêneros que lhes eram excedentes por artigos que não produziam, mas que também eram necessários à sua sobrevivência.

Aos poucos, o processo de escambo foi ficando mais complexo, e as primeiras dificuldades não tardaram a surgir. Nem sempre quem produzia milho, por exemplo, conseguia trocar seu excedente pela mercadoria que desejava, pois, para isso, era sempre necessário que a outra parte estivesse disposta a adquirir esse cereal. Outra grande dificuldade residia no fato de que as mercadorias, em si, nem sempre eram divisíveis. Isso complicava os cálculos que tinham de ser realizados em cada operação.

Para solucionar esse problema, a humanidade inventou, no século VII a.c., o dinheiro. É claro que, no princípio, ele não era exatamente como o conhecemos hoje, pois em geral era produzido por meio de metais nobres. O que importa, na verdade, é compreender que essa brilhante invenção permitiu o desenvolvimento do comércio, na medida em que facilitou muito os processos de troca.

Para dar uma ideia da importância do dinheiro no mundo contemporâneo, apresentamos a seguir uma fórmula (Banco de Cabo Verde, 2006) que demonstra, por meio do número de produtos disponíveis no mercado, a quantidade de trocas que seriam necessárias para que tivéssemos acesso a todos eles.

Um mundo sem dinheiro

$$TM = \frac{n(n-1)}{2}$$

Em que:

TM: é o número de trocas de mercadorias.

n: é a quantidade de itens disponíveis na economia.

PD: produtos disponíveis.

PD	TM
1	0
2	1
3	3
4	6
5	10
10	45
20	190
30	435
50	1.225
100	4.950
1.000	499.500

Fonte: Banco de Cabo Verde, 2006, p. 13.

O grande número de trocas que teríamos de realizar para ter acesso aos bens imprescindíveis à nossa sobrevivência evidencia que um mundo sem dinheiro, hoje, seria simplesmente impossível. **Se o dinheiro e outros meios circulantes são tão necessários à nossa sobrevivência, como pessoas físicas, o que dizer da importância deles para as empresas?**

As entidades com personalidade jurídica, independentemente do ramo de suas atividades, realizam um número elevado de transações todos os dias, tornando a disponibilidade de dinheiro um fator imprescindível para a sua sobrevivência. O grande problema é que, apesar de ele ser uma mercadoria como todas as outras, a sua essencialidade não permite que apresente um custo baixo para as empresas.

O dinheiro é uma mercadoria como todas as outras e que, por conta do seu caráter divisível e de sua essencialidade, tem um custo elevado para as empresas.

Entre as empresas brasileiras, é muito comum o autofinanciamento, isto é, em geral, elas são criadas e operam inicialmente com recursos próprios. Em função da alta taxa de insucesso dos novos empreendimentos, é pouco comum a obtenção de crédito no mercado quando um empreendimento está nos seus primeiros anos de existência, no Brasil. Via de regra, essas organizações recorrem ao mercado quando já estão consolidadas e necessitam de capital para expandir ou para equilibrar o seu fluxo de caixa.

No entanto, mesmo nessas circunstâncias, ou seja, quando já podem oferecer aos investidores um histórico de suas atividades, tornando mais confiável e objetivo o processo de análise de crédito, não tem sido fácil a obtenção de dinheiro a custo reduzido. A dificuldade enfrentada pelas empresas brasileiras para adquirirem capital de giro e para investimento pode ser explicada pela oferta restrita de fontes de financiamento. Basicamente, no Brasil, elas se restringem:

- ao autofinanciamento e ao financiamento de fornecedores (na segunda opção, quase sempre os prazos são curtos, não passando de um trimestre);

- aos bancos de desenvolvimento – apesar da existência de alguns bancos regionais, o principal financiador continua sendo o Banco Nacional de Desenvolvimento Econômico e Social (BNDES);

- ao mercado de capitais, inacessível às empresas de pequeno e médio porte; e

- ao sistema financeiro privado, que praticamente não se envolve na concessão de financiamento de longo prazo, com exceção de alguns bancos estatais.

Em qualquer uma das opções anteriores, os empecilhos acabam sendo sempre da mesma natureza e, sem correr o risco da simplificação, podemos resumi-los em três variáveis:

| Excesso de burocracia |
| Custo elevado do crédito |
| Exigência de garantias reais |

Ainda que não faça parte do objetivo deste livro apresentar um estudo do perfil das empresas brasileiras, é evidente o fato de que boa parte delas se enquadra na categoria das pequenas e médias, quase sempre com administração familiar. Levando-se em conta as variáveis explicitadas anteriormente, não é difícil concluir que poucas dispõem de acesso facilitado ao bem mais cobiçado e essencial ao sucesso de qualquer empreendimento: **o dinheiro**.

1.2 Contexto geral da administração financeira

Frequentemente ouvimos histórias de pessoas que têm dificuldade para administrar suas finanças pessoais. Em geral, o problema não se dá pela escassez dos rendimentos, mas pelo descontrole absoluto dos gastos. São indivíduos que poderiam receber o dobro ou o triplo do que ganham e que, ainda assim, teriam dificuldades para equilibrar as suas contas.

Com as empresas não é diferente: muitas são saudáveis do ponto de vista econômico, isto é, lucrativas, mas, por falta de controle financeiro, acabam falindo.

Como o custo do dinheiro[1] não é baixo, saber administrar com eficiência os fluxos de pagamento e recebimento é condição essencial de sobrevivência para qualquer entidade. O simples descompasso entre os prazos de entrada e saída de recursos ou a falta de um planejamento orçamentário já são deslizes que podem comprometer a existência da empresa.

Teoricamente, parece simples respeitar ou implementar boas técnicas de administração financeira. No entanto, no dia a dia das empresas, acabamos descobrindo que elas exigem um **acompanhamento minucioso e sistemático, conhecimento técnico, disciplina e bom senso do profissional de finanças.**

[1] A expressão *custo do dinheiro* se refere à desvalorização do dinheiro em decorrência das variações de políticas monetárias, ou seja, a capacidade de compra pode variar para mais ou para menos ao longo do tempo.

1.3 Desafios da gestão financeira moderna

As decisões de caráter técnico, ainda que sejam complexas, não são as mais difíceis de serem tomadas. Um profissional experiente, amparado por um bom sistema de controle interno, tem boas chances de acerto quando o assunto é administração financeira. O que há de mais complexo nesse campo de atuação são as decisões estratégicas, ou seja, as decisões que podem afetar o destino da entidade a longo prazo. Esse é o maior desafio da gestão financeira moderna.

A grande questão que se impõe é: **Até que ponto vale a pena aumentar o lucro às custas do investimento estratégico?**

Lucro × Investimento estratégico

Muitas vezes, na ânsia de aumentar o volume de recursos financeiros, o administrador financeiro acaba economizando em setores estratégicos para o futuro da entidade, tais como:

- treinamento de funcionários;
- manutenção de ativos;
- pesquisa de novos produtos;
- gastos com assessoria;
- investimento em novas máquinas.

Esse tipo de atitude é comum entre executivos não ligados à área financeira que têm grande poder decisório; eles acabam sacrificando investimentos estratégicos a fim de apresentar resultados mais atraentes. Decisões que geram reflexos a longo prazo muitas vezes atingem de forma imperceptível e lenta a estrutura da organização, ainda que se tornem, no futuro, o principal fator de insucesso do negócio.

PERGUNTAS & RESPOSTAS

Mas, afinal, por que a posse de recursos circulantes é tão imprescindível para o sucesso das empresas?

Com base no que já foi exposto, podemos concluir que, sem recursos financeiros em forma de moeda, é impossível para a empresa cumprir com suas obrigações de pagamento diárias. Como o dinheiro também é uma mercadoria – por sinal, bastante procurada no mercado –, administrá-lo adequadamente é essencial para a continuidade e o sucesso de qualquer empreendimento.

1.4 Origens do capital

Quando falamos em capitais, não estamos nos referindo exclusivamente ao capital circulante – ou, como os contadores costumam chamar, às *disponibilidades* –, que são recursos disponíveis em forma de moeda (em espécie ou guardados em instituições financeiras). Tudo o que a empresa possui registrado em seu ativo (caixa, bancos, estoques, veículos, máquinas etc.) pode ser designado como um tipo de investimento de capitais. De forma genérica, podemos dizer que só existem duas fontes de capitais.

Figura 1.1 – Tipos de capitais

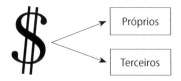

Os capitais próprios representam os investimentos realizados diretamente pelos sócios (ou acionistas) e os recursos reinvestidos que têm como origem os lucros gerados pela empresa.

Capitais próprios	Lucros gerados pela operação
	Recursos dos sócios
	Recursos dos acionistas
	Reservas de capitais
	Reservas de lucros
	Vendas de ativos

De maneira geral, podemos dizer que, em um Balanço Patrimonial (BP), tudo o que está do lado direito (Passivo Exigível e Patrimônio Líquido) está financiando o que está do lado esquerdo (Ativos).

Quadro 1.1 – Estrutura do Balanço Patrimonial (BP)

Balanço Patrimonial	
Ativo	**Passivo**
Ativo Circulante	Passivo Circulante
	Passivo Não Circulante
Ativo Não Circulante Ativo Realizável a Longo Prazo Investimentos Imobilizado Intangível	Patrimônio Líquido

Fonte: Cruz; Andrich; Schier, 2012, p. 94.

Ou seja, todos os recursos entram pelo lado direito e são investidos do lado esquerdo, sejam eles próprios (Patrimônio Líquido), sejam eles de terceiros (Passivo Exigível).

Figura 1.2 – Estrutura simplificada do Balanço Patrimonial (BP)

Fonte: Cruz; Andrich; Schier, 2012, p. 39.

Nesse sentido, enquanto não são liquidadas, todas as obrigações do Passivo Exigível estão financiando a empresa. Portanto, representam uma origem de capital. Veja a seguir:

Capitais de terceiros	Empréstimos bancários
	Encargos sociais
	Fornecedores
	Impostos
	Salários a pagar

Diante de todas essas opções, resta ao administrador financeiro avaliar quais as fontes menos onerosas para a captação de recursos. Afinal, sócios ou terceiros sempre exigirão a remuneração de seus capitais.

1.5 Controle financeiro

À primeira vista, parece que a gestão financeira é atribuição exclusiva do profissional que atua no setor financeiro. Uma observação mais cuidadosa, no entanto, revela que o controle financeiro permeia toda a estrutura da empresa. Quase todos os profissionais que exercem função administrativa, independentemente do setor em que atuam (compras, comercial, financeiro, entre outros), acabam cotidianamente fazendo escolhas que impactam diretamente a saúde financeira da empresa.

Se o setor comercial, por exemplo, tiver autonomia para definir prazos de recebimento, indiretamente estará afetando o fluxo de entradas de capitais. Se o setor de compras se exceder nas compras, estocando mais produtos do que a empresa necessita para atender aos seus clientes, também estará comprometendo parte dos recursos que poderiam ser utilizados como capital de giro. Ou seja, se os profissionais responsáveis pelas decisões estratégicas não avaliarem adequadamente os melhores investimentos em termos de risco e retorno, estarão, igualmente, comprometendo recursos financeiros da empresa.

Para proporcionar um melhor controle financeiro, o ideal é que as decisões que envolvam direta ou indiretamente a utilização de recursos circulantes sejam tomadas pelo administrador financeiro. Quando isso não for possível, é imprescindível que pelo menos haja interação entre o setor financeiro e os demais setores da empresa.

Além de outras atribuições, o administrador financeiro deve participar ativamente das decisões que impactam diretamente o caixa da empresa, tais como:

- a definição da política de crédito;
- a definição da política de prazos (de pagamento e recebimento);
- a análise e a escolha das opções de investimento;
- a análise e a escolha das opções de financiamento.

A elaboração de orçamentos também é atribuição do administrador financeiro. Sem eles não há como projetar necessidades futuras de aporte de capitais. Com menos tempo para tomar decisões, ou seja, agindo sem planejamento, quase sempre as empresas acabam fazendo opções mais onerosas de financiamento.

PERGUNTAS & RESPOSTAS

Em síntese, qual é a função do administrador financeiro?

Obviamente, há diferenças, dependendo do porte da empresa, mas, em geral, podemos dizer que, além das funções básicas, tais como pagar, receber e aplicar recursos, o administrador financeiro deve elaborar ou supervisionar os orçamentos e o fluxo de caixa. A definição da política de crédito e a análise das opções de investimento e financiamento também são suas atribuições. Para realizar um bom trabalho, é necessário que o administrador financeiro se relacione bem com todos os setores da empresa, pois não há procedimento interno que de alguma maneira não acabe impactando o caixa.

1.6 Regimes de caixa e de competência

Todos os registros contábeis são realizados de acordo com o **regime de competência**, ou seja, todas as receitas ou despesas são lançadas dentro do período em que ocorreu o fato gerador. Para entender melhor esse conceito, podemos exemplificar com as vendas efetivadas por uma empresa em determinado mês. Não importa se elas foram realizadas à vista ou a prazo para recebimento nos meses subsequentes; o importante, sempre, é a data de emissão do documento fiscal.

O mesmo ocorre com as despesas. Em geral, as empresas pagam o décimo terceiro salário em novembro e dezembro, porém, contabilmente, os lançamentos são realizados mês a mês. A lógica é simples: ao completar um mês de trabalho, automaticamente o trabalhador ganha o direito a receber 1/12 do décimo terceiro salário. Assim, é imprescindível que a contabilidade registre essa obrigação no passivo da empresa.

Se a regra do registro contábil é a ocorrência do fato gerador, fica fácil concluir que o resultado apresentado na Demonstração do Resultado do Exercício (DRE)² tem caráter **econômico**, e não financeiro. Como consequência lógica, é perfeitamente possível que uma empresa tenha, num mesmo período, um bom resultado econômico, porém não apresente bom desempenho financeiro. O inverso também pode ocorrer.

² A expressão se refere à demonstração financeira obrigatória cujo objetivo central é demonstrar o resultado da entidade jurídica em determinado período. A DRE atualmente é orientada pelo Pronunciamento Técnico CPC 26 (CPC, 2012), do Comitê de Pronunciamentos Contábeis (CPC).

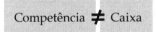

No **regime de caixa**, por sua vez, é considerado apenas o que foi efetivamente pago ou recebido no período, ou seja, nesse regime importam somente as operações que alteram o saldo do grupo que a contabilidade denomina *Disponibilidades*, composto pelas contas *Caixa*, *Banco* e *Aplicações Financeiras*.

A diferença entre os dois regimes fica clara quando observamos o comportamento das contas de resultado no fluxos de caixa da empresa:

Demonstração do Resultado do Exercício – DRE (em reais)	
Receita Bruta de Vendas	120.000,00
(-) Impostos sobre Vendas (15%)	-18.000,00
(-) CMV	-84.000,00
Lucro Bruto	**18.000,00**
(-) Despesas Operacionais	-12.000,00
Lucro Líquido Contábil (Econômico)	6.000,00
Lucro Líquido Contábil (Econômico) em %	5,00

$\neq$

Demonstração dos Fluxos de Caixa – DFC	
E	Vendas à Vista + Duplicatas a Receber
S	Pagamento de Impostos de Períodos Anteriores
S	Compras à Vista e Fornecedores
S	Despesas Pagas à Vista

Legenda da DFC: Entrada (E); Saída (S).

As contas que aparecem na DRE registram operações à vista e a prazo. No fluxo de caixa, relatório que veremos com mais profundidade no Capítulo 4, somente as operações com movimentação efetiva de dinheiro são registradas. Embora o administrador financeiro utilize os relatórios contábeis para analisar o desempenho econômico da entidade, bem como para elaborar as suas projeções, interessam-lhe muito mais as movimentações registradas no fluxo de caixa, ou seja, as movimentações financeiras.

1.7 Aspectos tributários

Tendo em vista o peso excessivo exercido pelos impostos na estrutura de resultado das empresas brasileiras, é impossível pensar em controles financeiros eficientes dissociados de um bom planejamento tributário.

O planejamento tributário não se restringe apenas à escolha de um dos regimes de recolhimento: Lucro Real, Lucro Presumido ou Lucro Simples. Seria ótimo se fosse assim. No Brasil, contudo, o número exorbitante de alterações na legislação tributária, nas esferas municipal, estadual e federal, torna o nosso sistema um dos mais complexos do mundo. Essa complexidade tem gerado um custo adicional enorme para as empresas, que precisam investir, entre outros aspectos, em:

- adequações periódicas dos sistemas de informação, com vistas ao atendimento das mudanças na legislação;
- consultoria e assessoria tributária permanente;
- profissionais capacitados, aptos a gerir no dia a dia as demandas de natureza fiscal.

Também é preciso mencionar o ônus tributário causado por interpretações equivocadas da legislação e os prejuízos gerados pelas interrupções das atividades, com vistas à atualização dos sistemas. De forma direta ou indireta, tudo isso acaba impactando o caixa das empresas. Por isso, a questão tributária deve fazer parte das preocupações de um bom administrador financeiro. Desprezá-la pode até não trazer prejuízos financeiros a curto prazo, mas certamente inviabilizará qualquer negócio numa perspectiva a longo prazo.

1.8 Principais ferramentas da gestão financeira

Quando um analista externo está realizando uma avaliação da situação financeira de determinada empresa, não há muitas opções de fontes de informação disponíveis. Em geral, essas opções se resumem a:

- demonstrações contábeis;
- relatórios divulgados por empresas especializadas na compilação e na divulgação de dados financeiros; e
- informações dos serviços de proteção ao crédito.

Os analistas internos, pelo contrário, têm acesso a todos os relatórios produzidos pela empresa. Entre esses relatórios, certamente o mais importante é o **fluxo de caixa**. Esse relatório é a principal ferramenta do analista e do gestor financeiro, ou seja, não importa se o objetivo é a análise ou o planejamento e a projeção financeira. O fluxo de caixa, que resume todas as operações de entrada e de saída disponíveis em determinado período, retratando o passado ou projetando o futuro, é o relatório que apresenta de forma mais direta a situação financeira de uma entidade.

A elaboração de um fluxo de caixa projetado custa pouco para as empresas, mas traz benefícios enormes, permitindo a visualização antecipada das necessidades financeiras. Por incorrer no erro elementar de não projetarem seus futuros financeiros, geralmente as instituições procuram de forma desesperada o mercado nos momentos de maior necessidade, recorrendo às piores operações que existem, tais como o cheque especial, o desconto de duplicatas e o limite bancário.

Organizações com bons resultados econômicos e um bom retorno sobre investimentos são sempre bem avaliadas, mas é preciso lembrar que é o fluxo de caixa negativo que leva a maioria das empresas à falência.

PERGUNTAS & RESPOSTAS

Por que a DRE e outros relatórios contábeis têm menor importância para o administrador financeiro do que o fluxo de caixa?

Todos os relatórios acabam servindo de base para o trabalho do administrador financeiro. O fluxo de caixa, porém, tem maior importância porque mostra de forma direta o resultado do fluxo financeiro, permitindo a escolha antecipada de melhores opções de financiamento.

EXERCÍCIO RESOLVIDO

Explique qual é a diferença básica entre os regimes de competência e de caixa.

Resposta:

No regime de competência, os lançamentos são realizados na data do fato gerador, independentemente de ter ou não havido movimentação financeira. Para o regime de caixa, importa exclusivamente a ocorrência de movimentação financeira.

Síntese

Neste capítulo, você foi apresentado aos fundamentos da administração financeira e pôde acompanhar o caminho percorrido pela mercadoria "dinheiro" ao longo do tempo. Também pôde perceber que as funções do administrador financeiro não são tão simples, pois envolvem decisões que podem comprometer a continuidade do empreendimento no longo prazo. Além disso, você conheceu os tipos de capitais (próprios e de terceiros), estudou os conceitos de regime de caixa e de competência e verificou a importância do planejamento tributário nas empresas.

Nos próximos capítulos, você conhecerá conceitos mais técnicos da administração financeira, com exemplos práticos de como eles podem ser aplicados no dia a dia das empresas.

Questões para revisão

1. Por que possuir recursos circulantes disponíveis é essencial para as empresas?

2. Em que medida o corte de investimentos pode comprometer o futuro de uma empresa? Cite exemplos.

3. Assinale a alternativa que relaciona apenas exemplos de capitais próprios:
   a) Recursos dos sócios, encargos sociais e impostos.

b) Salários a pagar, fornecedores e empréstimos bancários.

c) Lucros gerados pela operação, vendas de ativos e reservas de lucros.

d) Fornecedores, impostos e salários a pagar.

4. Assinale a alternativa que corresponde ao que **não** pode ser considerado uma atribuição do administrador financeiro:

a) Definição da política de crédito.

b) Definição da política de prazos.

c) Elaboração do plano de *marketing*.

d) Análise e escolha das opções de investimento.

5. Sobre o regime de competência, é correto afirmar:

a) A data de ocorrência do fato gerador é irrelevante para o regime de competência.

b) Não se realizam provisionamentos de despesas no regime de competência.

c) O regime de caixa e o de competência têm o mesmo significado.

d) No regime de competência, todas as receitas e as despesas são lançadas dentro do período em que ocorreu o fato gerador.

Para saber mais

Aos profissionais, aos pesquisadores e aos estudantes interessados em aprofundar os conhecimentos acerca dos conceitos básicos da administração financeira indicamos os seguintes livros:

CRUZ, J. A. W.; ANDRICH, E. G.; MUGNAINI, A. **Análise das demonstrações financeiras**: teoria e prática. 3. ed. Curitiba: Juruá, 2012.

SOUZA, A.; CLEMENTE, A. **Decisões financeiras e análise de investimentos**: fundamentos, técnicas e aplicações. 6. ed. São Paulo: Atlas, 2008.

Receitas e gastos

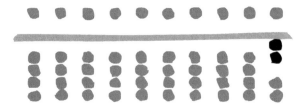

Conteúdos do capítulo

- Conceito de receitas, gastos, custos, despesas e investimentos.
- Classificação dos tipos de receitas, custos e despesas.
- Exemplos de tipos de investimento.

Após o estudo deste capítulo, você será capaz de:

1. classificar os vários tipos de gastos em custos, despesas e investimentos;
2. identificar os tipos de custos e os tipos de despesas;
3. compreender a importância dos conceitos apresentados no processo de implementação de controles internos nas empresas.

$\mathcal{A}$gora que você já tem algumas informações básicas sobre a função do gestor financeiro, podemos passar para um novo tópico.

Neste capítulo, apresentaremos alguns conceitos que consideramos fundamentais para a compreensão dos relatórios financeiros. Embora cansativa, essa introdução de um tom mais conceitual é necessária para o aprofundamento de nossos estudos.

Como o nosso foco são os recursos circulantes, convém definirmos de forma objetiva os eventos que alteram esses ativos.

2.1 Receitas

Receitas são todos os ingressos monetários provenientes tanto da operação da empresa (venda de produtos ou serviços) quanto de atividades não operacionais (venda de bens do Ativo Permanente).

As Receitas Não Operacionais, que basicamente se referem a transações com bens do Ativo Imobilizado, são apresentadas na Demonstração do Resultado do Exercício (DRE) sob a denominação *Outras Receitas*.

2.2 Gastos

Por ironia, assim como ocorre em nossa vida pessoal, as fontes de receitas, nas empresas, são sempre escassas. Por isso não há razão para nos determos tanto nesse tópico. É provável que você prefira dedicar-se mais à aplicação que será dada aos recursos.

De forma genérica, podemos chamar todos os desembolsos realizados pela empresa de *gastos*. Conceitualmente, eles podem ser classificados em custos, despesas e investimentos.

Gastos $=$ Custos $+$ Despesas $+$ Investimentos

Uma boa análise gerencial e financeira depende da classificação correta de todos os gastos. Imagine, por exemplo, que você tenha de fazer uma projeção do faturamento e dos desembolsos de sua empresa, a fim de prever a variação no lucro líquido. Por exemplo: se os custos e as despesas fixas não se alteram com o crescimento das vendas, permitindo a evolução gradual do retorno, separar esse tipo de gasto dos outros de natureza variável é imprescindível para realizar uma análise adequada. Assim, outros aspectos devem ser considerados em cada caso específico.

Passemos, então, ao detalhamento desses conceitos, para que possamos classificá-los adequadamente.

2.2.1 Custos

Custos são todos os gastos associados direta ou indiretamente à produção de um bem ou serviço. Classificam-se em:

- diretos;
- indiretos;
- fixos;
- variáveis; e
- híbridos.

Vejamos, a seguir, cada uma dessas classificações.

- **Custos diretos** – São os custos que podem ser apropriados diretamente ao produto, sem necessidade de rateio. Como exemplo, podemos citar a matéria-prima, desde que ela possa ser apropriada diretamente a determinado tipo de produto ou serviço, sem rateio. Numa fábrica de móveis, por exemplo, o responsável pela produção que conheça as exatas dimensões de certo móvel pode calcular a quantidade correta de madeira que será consumida.

- **Custos indiretos** – São os custos que necessitam de algum tipo de rateio para serem incorporados ao produto. Exemplos: energia elétrica da fábrica e depreciação do maquinário – se uma indústria produz mais de um tipo de produto, utilizará uma proporção variável desses recursos em todos eles.

Para se chegar a um valor mais preciso de cada produto, é necessário ratear o gasto com os recursos utilizados segundo alguns critérios. Para o recurso *energia*, poderia ser utilizado o critério quilowatts/hora, utilizando-se o consumo de cada máquina e o tempo da operação. A depreciação também poderia ser calculada com base no tempo de utilização de cada equipamento, entre outros fatores.

- **Custos fixos** – Como os anteriores, também representam gastos voltados à produção de um bem ou serviço; contudo, têm a característica de não variarem de acordo com a quantidade produzida, ou seja, independentemente desta, esses custos serão os mesmos, não deixando de existir até mesmo numa situação de produção zero. Como exemplos, podemos citar:

  » o aluguel de uma fábrica: em geral, os contratos de aluguel definem valores fixos, não importando se o tipo de negócio a ser explorado nesse espaço físico apresenta alguma sazonalidade ou se há oscilações no volume produzido;

  » o salário dos funcionários de uma fábrica: pode ser considerado como um custo fixo, desde que os salários dos funcionários sejam também fixos, sem nenhum percentual de variabilidade por desempenho.

Veja a seguir a representação gráfica dos custos fixos.

Gráfico 2.1 – Custos fixos

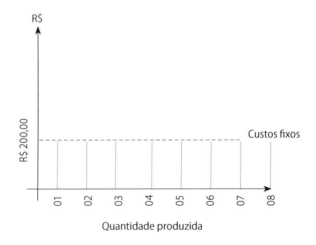

Fonte: Elaborado com base em Cruz, 2011, p. 38.

- **Custos variáveis** – São os gastos que variam na proporção do volume produzido, isto é, quanto maior a produção, maior o dispêndio com tais gastos. Contrariamente ao que ocorre com os custos fixos, para a ocorrência dos custos variáveis, é necessário que a produção seja diferente de zero. A matéria-prima, mesmo que também possa ser considerada um custo fixo, na medida em que é possível apurar a quantidade consumida em cada unidade produzida, inclui-se entre os custos variáveis. Seu consumo está condicionado ao nível de atividade produtiva da empresa.

Veja no gráfico como se comportam os custos fixos e variáveis.

Gráfico 2.2 – Custos variáveis

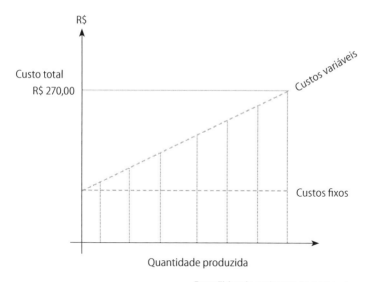

Fonte: Elaborado com base em Cruz, 2011, p. 39.

- **Custos híbridos** – Os custos híbridos são gastos associados à produção, os quais se distinguem por serem ao mesmo tempo fixos e variáveis. Em geral, são gastos que se comportam de forma fixa até determinado patamar e, a partir deste, passam a evoluir de forma ascendente. Embora mais incomum, o inverso também pode ocorrer, isto é, gastos que são variáveis até determinado limite, passando a ser fixos a partir deste.

O gasto com mão de obra direta, por exemplo, pode ser fixo até determinado patamar, passando a variar com um certo volume de produção. Esse tipo de contrato não é incomum; em geral, a parcela variável serve como estímulo à produtividade.

É possível também definir um tipo de remuneração variável, baseada no volume de produção, que se torna fixa a partir de determinado patamar.

Veja como se comportam os custos híbridos no gráfico a seguir.

Gráfico 2.3 – Custos híbridos

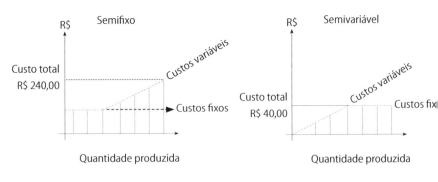

Fonte: Elaborado com base em Cruz, 2011, p. 41.

PERGUNTAS & RESPOSTAS

Para uma boa administração de custos, qual é a importância da correta classificação dos custos em diretos e indiretos, fixos e variáveis?

A correta classificação dos custos é muito importante, pois dela depende a formação adequada do preço de custo unitário de cada produto, assim como a gestão mais apropriada da relação entre os orçamentos das áreas e dos departamentos da empresa.

Se uma indústria produz 30 tipos diferentes de produtos e não realiza rateios criteriosos de seus custos indiretos, por exemplo, é possível que esteja onerando mais determinados itens em detrimento de outros. O dimensionamento correto dos custos fixos e variáveis, como já mencionamos, é essencial para que se possa realizar projeções corretas da produção e dos retornos por ela proporcionados. É importante estar atento, sobretudo, à representatividade dos custos fixos, cuja participação percentual reduz à medida que a produção aumenta.

2.2.2 Despesas

Com base nos elementos até aqui apresentados, é possível percebermos que os custos apresentam uma característica importante: eles não produzem redução do patrimônio. Quando alocamos o gasto com energia ao produto, esse ativo não desaparece do nosso balanço: apenas é transferido ao produto. O mesmo se pode dizer da matéria-prima – a menos, é claro, que haja perdas significativas no seu aproveitamento.

As **despesas**, contrariamente, impactam diretamente o patrimônio. De forma geral, podemos dizer que elas representam todos os gastos realizados para a manutenção das atividades administrativas e de gestão da empresa, não apresentando relação direta ou indireta com os bens produzidos ou os serviços prestados.

Além dos gastos na esfera administrativa, também são representativos desse grupo os gastos realizados na comercialização dos produtos ou serviços. As ações de *marketing*, sobretudo nas grandes empresas, comprometem recursos consideráveis do orçamento empresarial.

Finalmente, temos as despesas com financiamento, que interessam mais particularmente ao gestor financeiro. Como nem sempre as empresas possuem capital sobrando para investir no desenvolvimento de novos produtos e na expansão de suas atividades, quase sempre recorrem ao mercado, onerando seus fluxos de caixa e comprometendo parte de sua rentabilidade. De acordo com a estrutura da DRE, regulada pela Lei nº 6.404, de 15 de dezembro de 1976 (Brasil, 1976), e pelo Pronunciamento Técnico CPC 26 (CPC, 2012), as despesas devem ser alocadas nos seguintes grupos:

- Despesas Operacionais (vendas e administrativas);
- Outras Despesas;
- Despesas Financeiras.

Figura 2.1 – Custos e despesas

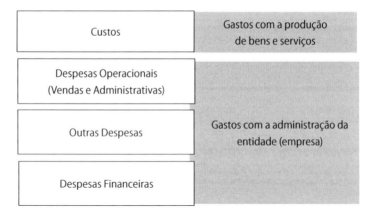

Assim como os custos, as despesas também podem ser classificadas em **fixas** e **variáveis**. Insistimos nessa característica, que é comum aos dois tipos de gastos, pois ela é importante para a elaboração do orçamento e do fluxo de caixa projetado, relatórios que estudaremos nos capítulos seguintes.

2.2.3 Investimentos

Além dos custos e das despesas, as empresas realizam com muita frequência um terceiro tipo de gasto: os **investimentos**. Eles representam os gastos realizados com infraestrutura, tecnologia, pesquisa e desenvolvimento de novos produtos, construção de novas unidades, aquisição de ativo imobilizado, entre outros.

Tais gastos não ocorrem em todos os exercícios financeiros, mas, em geral, comprometem parcela expressiva do capital disponível. Por essa razão, é importante que o gestor financeiro acompanhe de perto as operações de investimento, buscando sempre analisá-las sob a perspectiva do custo-benefício. Ao se investir em um novo ativo, o gasto deve necessariamente gerar retornos a longo prazo. A remuneração ou a compensação pelo capital investido deve ser bem dimensionada no tempo.

É importante sempre analisar se o sacrifício financeiro realizado não comprometerá a manutenção das atividades que já estão dando retorno para a empresa. Também é recomendável muita cautela na hora de fazer projeções: elas são imprescindíveis para qualquer tipo de negócio, mas crer que elas se concretizarão tal qual foram planejadas é ilusão.

Um bom empreendedor deve ousar, acreditar em sua intuição e agir de forma otimista, mas não pode nunca se esquecer do princípio contábil do conservadorismo (Resolução nº 1.282, de 28 de maio de 2010, do Conselho Federal de Contabilidade – CFC, 2010), o qual preconiza que as receitas devem sempre ser subestimadas e os gastos, superestimados. Esse ensinamento não deixa de ser útil também para a nossa vida financeira pessoal.

Agora que você já aprendeu todos os conceitos, veja se é capaz de reprisá-los apenas observando a figura a seguir, sem o auxílio dos conteúdos vistos nas páginas anteriores.

Figura 2.2 – Custos, despesas e investimentos

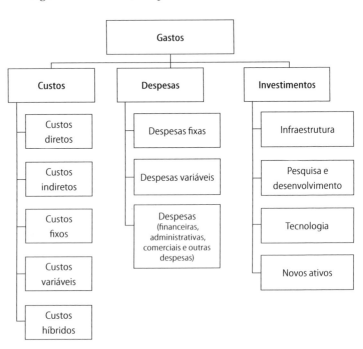

EXERCÍCIO RESOLVIDO

Esporadicamente, as empresas comprometem recursos financeiros realizando investimentos que só proporcionarão retornos no longo prazo. Por que é importante a participação do gestor financeiro nessas circunstâncias?

Resposta:

Cabe ao gestor financeiro, nessas ocasiões, realizar uma análise de custo-benefício desses investimentos, levando em conta o tempo necessário para que o capital investido seja adequadamente remunerado. Embora outros profissionais possam fazer essa análise, a participação do gestor financeiro nessas circunstâncias é muito importante. No plano teórico, ele é o profissional mais capacitado para realizar análises de investimentos.

Síntese

Neste capítulo, você aprendeu que existe uma classificação para todos os gastos realizados pela empresa. Quando esses gastos estão relacionados com a produção ou com a prestação de serviços, são denominados *custos*. Quando estão relacionados às atividades de gestão ou aos gastos comerciais e financeiros, são denominados *despesas*. Além dessas duas categorias, existem ainda os gastos necessários à manutenção da competitividade da empresa, denominados *investimentos*. Com esses conceitos, além dos que já foram apresentados no capítulo anterior, você já tem os subsídios necessários para passar à parte prática do nosso livro, que será apresentada nos próximos capítulos.

Questões para revisão

1. Os gastos realizados pelas empresas podem ser divididos em três grandes categorias. Quais são elas?

2. Qual é a diferença entre custos diretos e indiretos?

3. Assinale a opção correta, de acordo com a seguinte definição: São gastos que podem ser apropriados ao produto sem a necessidade de rateio.
   a) Custos diretos.
   b) Custos variáveis.
   c) Custos híbridos.
   d) Custos genéricos.

4. Em relação aos custos variáveis, é correto afirmar:
   a) Quanto maior a produção, menor o dispêndio com tais gastos.
   b) Variam na proporção do volume produzido.

c) Mesmo quando a produção é igual a zero, ainda é possível calcular o custo variável.

d) Nenhuma das alternativas anteriores está correta.

5. Numere a coluna das variáveis de acordo com a sua classificação e, a seguir, assinale a alternativa que apresenta a sequência correta:

1. Custos
2. Investimentos
3. Despesas

( ) Diretos(as)
( ) Comerciais
( ) Tecnológicos(as)
( ) Novos ativos
( ) Administrativos(as)

a) 1 – 2 – 3 – 2 – 1
b) 1 – 3 – 2 – 2 – 3
c) 3 – 2 – 2 – 1 – 1
d) 2 – 2 – 1 – 3 – 1

Para saber mais

Se você tem interesse em aprofundar seus conhecimentos sobre os vários tipos de gastos e como eles se relacionam com os métodos de custeio utilizados pelas empresas, consulte:

CRUZ, J. A. W. **Gestão de custos**: perspectivas e funcionalidades. Curitiba: Ibpex, 2011.

Orçamento empresarial 3

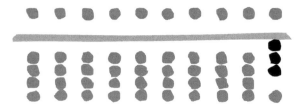

Conteúdos do capítulo

- Contexto geral do orçamento.
- Orçamento e planejamento estratégico.
- Estrutura do orçamento empresarial.
- Orçamento empresarial e Demonstração do Resultado do Exercício (DRE).
- Orçamento empresarial e gestão financeira.
- Limitações do orçamento empresarial.

Após o estudo deste capítulo, você será capaz de:

1. entender o conceito de orçamento;
2. compreender as relações do processo orçamentário com o planejamento estratégico;
3. elaborar a estrutura de um orçamento empresarial;
4. perceber a relação existente entre orçamento empresarial e Demonstração do Resultado do Exercício (DRE);
5. entender a importância do processo orçamentário para a gestão financeira;
6. identificar as limitações do orçamento empresarial.

3.1 Contexto geral do orçamento

Muitos conceitos da administração financeira podem ser aplicados em nossa vida pessoal. Assim como as pessoas jurídicas, também movimentamos recursos financeiros, temos um fluxo de caixa – ainda que não o elaboremos de forma estruturada – e, ao longo do tempo, acumulamos patrimônio.

Se observarmos as semelhanças existentes entre a administração financeira praticada pelas pessoas físicas e a que é executada no âmbito empresarial, compreenderemos com mais facilidade o conceito de **orçamento**. Quem planeja minimamente a própria vida financeira não realiza negócios com reflexos a longo prazo – tais como a aquisição de um veículo ou de um imóvel financiado – sem antes avaliar a sua capacidade pessoal de pagamento. Em geral, decisões dessa natureza são precedidas de um estudo prévio que analisa uma previsão de todas as receitas e despesas para o período compreendido pelo financiamento. Algumas pessoas são mais otimistas em relação às possibilidades de ganho futuro; outras, mais conservadoras. No entanto, é difícil encontrar alguém que não faça cálculos e projeções antes de tomar uma decisão de investimento ou de aquisição de ativos.

Quando fazemos projeções como essas, ainda que superficiais, elaboramos um orçamento projetado, isto é, elencamos todas as nossas possíveis fontes de receitas futuras, ao mesmo tempo que prevemos nossas despesas, a fim de comparar ambas e chegar a um resultado que pode ser positivo ou negativo.

O orçamento empresarial não é muito diferente do processo que realizamos em nossa vida pessoal. Em termos objetivos, podemos conceituá-lo como **um instrumento de controle e planejamento das receitas e dos gastos (custos + despesas + investimentos), com vistas à projeção de um resultado futuro.**

3.2 Orçamento e planejamento estratégico

Quando paramos para projetar nossas vendas e, por meio delas, os gastos necessários para viabilizar nossas projeções, indiretamente estamos elaborando também nosso **planejamento estratégico.**

O processo de elaboração de um orçamento, em empresas de pequeno, médio ou grande porte, sempre começa com a projeção do volume de vendas. Geralmente, essa tarefa é desempenhada pelo setor comercial (ou de *marketing*), que define metas de faturamento para determinado período – 6 meses ou 12 meses, por exemplo. Há várias formas de segmentar essa projeção: por linhas de produtos, por regiões de atuação da empresa etc. O importante é estabelecer uma meta que possa ser traduzida em termos numéricos.

Para se chegar aos valores monetários, é preciso definir o volume de vendas para cada tipo de produto comercializado pela empresa. No setor de serviços, também é possível realizar essa projeção, multiplicando-se o valor do serviço prestado pela demanda esperada. A definição do volume de vendas, ou, em outras palavras, do **orçamento de vendas**, serve de baliza para a elaboração dos demais orçamentos da empresa.

Isso ocorre por um motivo muito lógico: para se estabelecer a quantidade de matéria-prima que será necessário adquirir, no caso das empresas industriais, ou o volume de mercadorias a serem compradas, nas empresas comerciais, ou os desembolsos com custos de produção, com despesas operacionais e outras variáveis, é imprescindível começar pela elaboração do orçamento de vendas. É ele que vai nortear e, ao mesmo tempo, estabelecer os limites para a elaboração dos outros orçamentos, pois dele deriva uma informação essencial: a **demanda do mercado** pelos serviços ou produtos oferecidos pela empresa.

Assim, por meio do orçamento de vendas, a empresa pode elaborar, dependendo da especificidade de cada tipo de negócio, vários tipos de orçamento, tais como:

- de custos;
- de caixa;
- de produção;
- de matéria-prima;
- de compras;
- de despesas;
- de capitais;
- fiscal.

Como o objetivo maior de qualquer entidade é a obtenção de lucro, a fim de poder garantir sua continuidade e o atendimento de outras demandas sociais, os vários orçamentos devem ser integrados para que a empresa possa vislumbrar um resultado projetado. Se o objetivo principal for a projeção de um resultado futuro, a integração dos vários tipos de orçamento só poderá ocorrer por meio da Demonstração do Resultado do Exercício (DRE). Afinal, é esse relatório contábil que apresenta o resultado econômico da entidade.

Se os vários orçamentos forem apresentados de forma integrada na DRE, é importante que os relatórios utilizem as mesmas contas do Plano de Contas Contábil. Tal cuidado evita retrabalho e diminui consideravelmente as chances de ocorrerem erros de lançamento. Se refletirmos um pouco sobre a integração dos vários tipos de orçamento com o resultado projetado da empresa, perceberemos que o processo de elaboração desses relatórios acaba sendo mais importante do que os relatórios em si, isto é, o trabalho de se debruçar sobre os dados, fazer cálculos, estimativas e projeções contribui para que o gestor pense sobre o seu próprio negócio.

O orçamento contribui de forma direta para o processo de planejamento estratégico da empresa. Direta ou indiretamente, ele serve para o estabelecimento de objetivos, para a definição de planos de ação e para a integração dos vários setores envolvidos em sua elaboração.

É claro que o envolvimento e a participação de todos são imprescindíveis para que esses objetivos sejam alcançados. Aos gestores responsáveis, então, cabe a tarefa de estimular o comprometimento de cada participante, valorizando todos os esforços individuais na sua execução.

PERGUNTAS & RESPOSTAS

Por que podemos afirmar que os vários tipos de orçamento são sintetizados na DRE?

O objetivo principal de todo o trabalho orçamentário é estimar receitas e gastos com vistas à projeção de resultados

> futuros. Como a DRE é o relatório contábil que, por excelência, expressa o resultado econômico da entidade, é natural que sua estrutura seja utilizada para sintetizar os vários relatórios orçamentários.

3.3 Orçamento em pequenas e médias empresas

Segundo dados do Instituto Brasileiro de Geografia e Estatística – IBGE (2010), de cada 100 novas empresas abertas no Brasil, 24 fecham no primeiro ano de existência. Embora esse índice já tenha sido maior no passado, é surpreendente que um em cada quatro empreendimentos que se iniciam em nosso país não passe do primeiro ano de existência. De acordo com o mesmo estudo, as chances de insucesso elevam-se consideravelmente na proporção inversa do tamanho do negócio: quanto menor ele é, maiores são as chances de fracasso.

São inúmeras as razões que justificam a elevada taxa de insucesso dos novos empreendimentos em nosso país. Contribuem para esse fenômeno o despreparo dos nossos empreendedores, as instabilidades da nossa legislação tributária, a falta de apoio governamental às pequenas empresas, entre outros fatores. Entre as causas que historicamente têm inviabilizado o desenvolvimento do empreendedorismo no Brasil, destaca-se a relutância dos novos e pequenos empresários em aplicar técnicas elementares de administração no planejamento de seus negócios.

Entre todas as ferramentas existentes, **o orçamento empresarial é uma das mais úteis para quem está iniciando um novo negócio**. Se todos os novos empreendedores se dessem ao trabalho de realizar um estudo sobre suas reais futuras possibilidades de venda dentro do mercado em que pretendem atuar, identificariam com mais clareza o seu ponto de equilíbrio. Uma iniciativa simples como essa permitiria calcular a dimensão dos gastos que o novo empreendimento poderia suportar e, principalmente, a dimensão do retorno que a nova atividade poderia proporcionar. Além disso, o orçamento empresarial é importante também para as pequenas e médias empresas que já entraram em funcionamento e precisam, cotidianamente, tomar decisões de investimento em novos produtos ou em novos mercados.

Enfim, planejar, por meio da análise dos ambientes interno e externo, acaba sendo, em última instância, um fator decisivo para qualquer empresa, seja qual for o seu tamanho. Nessa tarefa, ganham destaque indiscutível as técnicas do orçamento empresarial. Se você já está convicto disso, já deu o primeiro passo em direção ao sucesso.

3.4 Estrutura do orçamento empresarial

Para Guindani et al. (2011, p. 76), o orçamento aplicado às organizações privadas tem como principal objetivo a implementação dos programas do planejamento estratégico, sugerindo a utilização de um processo administrativo contínuo de longo desenvolvimento. Por meio de estudos e análises, determinam-se objetivos específicos; estes são direcionados a metas com datas preestabelecidas, que passam a ser interpretadas como *deadlines*, ou seja, datas limitadas para alcance de objetivos, que serão analisados e reavaliados posteriormente, gerando um processo de maturação, execução e análise, conforme as etapas descritas na Figura 3.1.

Figura 3.1 – Etapas do processo orçamentário

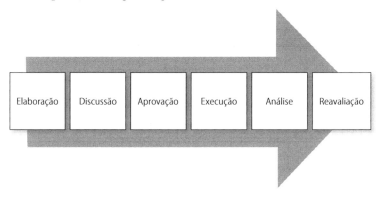

Fonte: Guindani et al., 2011, p. 23.

Em geral, os orçamentos são elaborados para um único exercício financeiro, o que, na maioria das empresas, corresponde ao ano civil (de janeiro a dezembro). Dependendo da especificidade do negócio, no entanto, sua abrangência pode corresponder à duração de determinado projeto. Isso ocorre com frequência em empreendimentos de grande porte, que se dedicam durante um longo período à execução de uma única obra, como costuma ser o caso da construção civil e da indústria naval.

Como já comentamos, a elaboração do orçamento é uma tarefa que envolve todos os setores da empresa. Normalmente, esse trabalho é supervisionado pela controladoria. Cada setor, porém, dentro da sua especialidade, elabora o seu orçamento. Assim, em geral, o departamento comercial ou de *marketing* elabora o orçamento de vendas; o departamento financeiro produz o orçamento de caixa e assim sucessivamente.

A estrutura básica dos vários orçamentos é muito semelhante. Em linguagem mais simples, o orçamento nada mais é do que uma projeção dos eventos futuros (volume de vendas, despesas, custos, necessidade de matéria-prima, entre outros), pertinentes ao negócio em questão, para um período específico de tempo (em geral um ano; o período pode ser menor ou maior, dependendo da necessidade de cada tipo de negócio).

Quadro 3.1 – Orçamento de vendas

Orçamento de vendas		Período 1		
		Previsto	Realizado	Diferença
Produto A				
Produto B				
Produto C	Qtde. vendida X Preço de venda			
Produto D				
Produto E				
Total				

No orçamento de vendas (ver Quadro 3.1), por exemplo, fazemos uma projeção de vendas para todos os produtos comercializados pela empresa. A quantidade vendida, multiplicada pelo preço unitário projetado de venda, resulta no número que corresponderá ao faturamento global.

Na estrutura de todos os orçamentos elaborados pela empresa, é muito importante que os números previstos sejam cotejados com os efetivamente realizados: quando comparamos os números orçados com os números reais, obtemos uma base de dados extremamente rica em detalhes para que reflitamos sobre a realidade da organização. Esses dados nos auxiliam a pensar sobre o desempenho de cada setor, as falhas individuais e as variáveis internas e externas que contribuíram para o resultado global atingido.

Muitos gestores consideram que os benefícios do processo orçamentário não compensam o trabalho e o gasto necessários para implementá-lo. É preciso, no entanto, encarar tais gastos (bem como o tempo despendido para desenvolver esse processo) como um investimento em pesquisa e planejamento, que tem valor inestimável para o crescimento da empresa.

Cada etapa do processo traz um número considerável de questionamentos, que obriga o gestor a repensar o seu próprio negócio. Seja partindo de dados históricos para realizar as projeções, seja partindo de um orçamento de base zero, em que se repensa tudo, os responsáveis pelo processo são obrigados a tomar decisões de extrema importância para a continuidade do negócio.

Entre todos os orçamentos, aquele que traz maiores desafios para o analista é o orçamento de vendas. Os demais acabam condicionados a ele. Para se elaborar o orçamento de vendas, é necessário prever as possíveis oscilações e incertezas do mercado. Internamente, é preciso estudar com cuidado a capacidade da estrutura organizacional de atender à demanda prevista. Já no que diz respeito ao ambiente externo, é importante realizar uma análise de caráter mais abrangente, que contemple estudos de macroeconomia, de políticas públicas, de mudanças na área tributária etc.

Os demais orçamentos acabam sempre condicionados às previsões de venda. É claro que cada um apresenta, também, o seu grau de imprevisibilidade. O orçamento de produção, por exemplo, no caso das empresas industriais, precisa prever com certo rigor a viabilidade estrutural de se produzir a demanda projetada e a disponibilidade de tecnologia e mão de obra.

Além das dificuldades impostas a cada setor, há o aspecto da integração, que não pode ser desprezado. Se o orçamento de produção concluir que a capacidade instalada não é suficiente para atender à demanda projetada, investimentos em maquinário terão de ser realizados no curto prazo. Nesse caso, ocorrerão impactos óbvios nos orçamentos de capital e de caixa.

Enfim, a segregação por setor é necessária para a viabilização do trabalho, mas o norte de todo o processo é o resultado global.

Como tempero a toda essa série de ações que o processo orçamentário desencadeia, temos um dos fatores que, pela sua importância, pode comprometer todo o trabalho. Trata-se da flexibilidade. Sim, infelizmente mudanças podem acontecer, tanto no cenário interno quanto no externo. Portanto, **o orçamento não pode ser engessado a ponto de não aceitar readequações.** Mudanças de rumo devem ser admitidas ao longo de todo o processo.

3.5 Orçamento empresarial e Demonstração do Resultado do Exercício (DRE)

Como já mencionamos, todo o processo orçamentário visa à projeção de um resultado futuro, que em termos econômicos é representado pela Demonstração do Resultado do Exercício (DRE). Apenas para ilustrar, vale lembrar que a DRE, por meio do Pronunciamento Técnico CPC 26, passou a ter a estrutura mostrada a seguir.

Quadro 3.2 – Demonstração do Resultado do Exercício

Demonstração do Resultado do Exercício (DRE)
1 RECEITA OPERACIONAL BRUTA – ROB (1.1 + 1.2)
1.1 Venda de Mercadorias
1.2 Serviços Prestados
2 (-) CUSTOS DAS MERCADORIAS VENDIDAS/SERVIÇOS PRESTADOS
3 (=) LUCRO BRUTO (1 - 2)
4 (-) DESPESAS OPERACIONAIS (4.1 + 4.2 + 4.3)
4.1 Despesas com Vendas
4.2 Despesas Administrativas
5 (+) OUTRAS RECEITAS
6 (-) OUTRAS DESPESAS
7 (=) LUCRO OPERACIONAL LÍQUIDO (3 - 4 + 5 - 6)
8 (+/-) RESULTADO DE EQUIVALÊNCIA PATRIMONIAL
9 (=) LUCRO ANTES DO RESULTADO FINANCEIRO (7 +/- 8)

(continua)

(Quadro 3.2 – conclusão)

10	(+) RECEITAS FINANCEIRAS
11	(-) DESPESAS FINANCEIRAS
12	(+/-) VARIAÇÕES MONETÁRIAS E CAMBIAIS LÍQUIDAS
13	(+/-) GANHOS E PERDAS COM DERIVATIVOS
14	(=) LUCRO ANTES DA TRIBUTAÇÃO SOBRE O RESULTADO (9 + 10 - 11 +/- 12 +/- 13)
15	(-) TRIBUTOS SOBRE O LUCRO
16	(=) LUCRO LÍQUIDO DO PERÍODO (14 - 15)
17	LUCRO LÍQUIDO POR AÇÃO 17.1 Ações Preferenciais 17.2 Ações Ordinárias

Fonte: Cruz; Andrich; Mugnaini, 2012, p. 43.

Todas as peças do orçamento, nesse sentido, devem ser unidas de forma que a empresa tenha uma previsão desse resultado. No Quadro 3.3, você pode ter uma visão de como isso ocorre.

Quadro 3.3 – Resultado econômico e orçamentos

DRE	Período 1		
	Previsto	Realizado	Diferença
1 – RECEITA OPERACIONAL BRUTA Venda de mercadorias				→ Orçamento de vendas
2 – DEDUÇÕES Impostos				Orçamento de custos
3 – CUSTO DAS MERCADORIAS VENDIDAS				Orçamento de produção / Orçamento de matérias-primas
4 – LUCRO BRUTO				Orçamento de compras
6 – DESPESAS OPERACIONAIS Despesas com Vendas Despesas Administrativas				→ Orçamento de despesas
7 – LUCRO OPERACIONAL				
8 – LUCRO ANTES DO IR E DA CSLL IRPJ CLSS				→ Orçamento fiscal
9 – LUCRO (PREJUÍZO) LÍQUIDO				

Obviamente, montar todo esse quebra-cabeça não é tarefa fácil; mas entender sua lógica é. Como você pôde ver no quadro anterior, as várias peças do orçamento são elaboradas com o objetivo final de compor o resultado projetado de determinado período. Na DRE, podemos ter uma visão consolidada de todo o processo.

É importante lembrar que é possível aplicar sobre a DRE orçamentária todas as técnicas de análise de balanço utilizadas no relatório real, o que proporciona uma gama enorme de informações para que a análise do processo possa ser realizada.

PERGUNTAS & RESPOSTAS

Por que é importante apresentar nos relatórios de orçamento os números previstos e reais?

Todas as previsões do orçamento são realizadas com base em análises criteriosas das variáveis internas e externas. Dados históricos também são utilizados como parâmetros para a composição dos valores projetados. Nesse sentido, se algo não saiu como esperado, é necessário diagnosticar o que deu errado. Se todas as peças do orçamento evidenciarem com clareza os números previstos e os efetivamente realizados, identificaremos com muito mais facilidade o foco do problema, ou, caso a surpresa seja positiva, o foco da oportunidade.

3.6 Orçamento empresarial e gestão financeira

É importante novamente lembrar que a DRE é um relatório econômico, isto é, não se pode medir por meio dela o resultado financeiro da empresa, que se traduz pela diferença entre as entradas e as saídas de caixa em determinado período. Um exercício pode terminar com lucro econômico, mas com prejuízo financeiro.

Figura 3.2 – DRE e orçamento

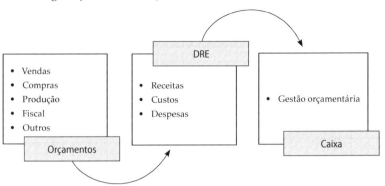

Por essa razão, o orçamento de caixa é uma das principais peças orçamentárias. Todo o planejamento perde o sentido se a empresa não tiver fôlego financeiro para suportar a demanda projetada.

Se as expectativas de crescimento exigirem o aumento do capital de giro, é preciso que o gestor financeiro se antecipe às necessidades, buscando no mercado as opções de captação de recursos menos onerosas. A elaboração do orçamento de caixa, ou pelo menos o exame criterioso dos números nele apresentados, é tarefa do gestor financeiro e constitui-se em condição essencial para a execução de tudo o que foi projetado no orçamento.

Veja no Quadro 3.4 um modelo da estrutura do orçamento de caixa.

Quadro 3.4 – Orçamento de caixa

Orçamento de caixa	Período 1		
	Previsto	Realizado	Diferença
ENTRADAS			
Vendas à Vista			
Recebimento de Vendas a Prazo			
Empréstimos			
Aportes de Capital			
Outras Entradas			

(continua)

Orçamento de caixa	Período 1		
	Previsto	Realizado	Diferença
SAÍDAS			
Fornecedores			
Salários			
Encargos Sociais			
Impostos			
Despesas Gerais			
Despesas Financeiras			
Outras Saídas			
SALDO FINAL DE CAIXA			
Total			

(Quadro 3.4 – conclusão)

Embora seja bastante simples, pois não passa de uma demonstração das entradas e saídas de caixa previstas pela empresa, o orçamento de caixa (ou fluxo de caixa projetado), assim como a DRE, representa um resumo do processo orçamentário. Enquanto a DRE se caracteriza por ser a síntese econômica desse processo, o orçamento de caixa expressa o resultado financeiro de todo o trabalho desenvolvido.

3.7 Orçamento empresarial: limitações e críticas

Não há dúvidas de que o orçamento empresarial é uma das principais ferramentas de controle e planejamento nas organizações. Contudo, ele não está livre de críticas. Algumas das suas limitações são destacadas por Padoveze (2005, p. 175):

- engessamento na estruturação de objetivos e metas;
- falta de alinhamento, em muitos casos, com as tecnologias da informação;
- dificuldades para acompanhar a dinâmica do mercado;

- dificuldades para estimar períodos voláteis e sazonais para alguns setores específicos;

- elevado consumo de recursos e de tempo, em alguns casos;

- estímulo à competição excessiva no ambiente organizacional;

- reforço às barreiras departamentais.

As críticas ao processo orçamentário não anulam, obviamente, os inúmeros benefícios trazidos por esse trabalho para o aumento da eficiência organizacional. Ter consciência de suas limitações contribui, no entanto, para que o gestor tente minimizá-las ao longo do processo.

É preciso que você tenha em mente que a principal contribuição do processo orçamentário, em si, não está nos números produzidos pelos diversos setores da empresa, mas no fato de que indiretamente ele sempre estará instigando todas as pessoas envolvidas a trabalhar por sua realização.

Síntese

Neste capítulo, você viu que orçamento e planejamento estratégico são dois processos que se complementam. Também pôde perceber a importância da elaboração do orçamento em empresas de todos os portes, inclusive nas que estão iniciando suas atividades, e conhecer a estrutura básica dos relatórios de orçamento e a relação de todos eles com a DRE. Além disso, descobriu a importância da elaboração do orçamento de caixa para a saúde financeira da empresa e Identificou algumas limitações inerentes ao processo orçamentário.

No próximo capítulo, você conhecerá a principal ferramenta do gestor financeiro: o fluxo de caixa.

Questões para revisão

1. Por que o orçamento é importante para o planejamento estratégico da empresa?

2. Qual é a importância da aplicação dos conceitos do orçamento empresarial em empresas de pequeno porte que estão iniciando suas atividades?

3. Assinale a alternativa correta:

   a) O objetivo principal de todo o trabalho orçamentário é o de estimar receitas e gastos com vistas à projeção de resultados futuros.

   b) A integração dos orçamentos não é aconselhável, pois cada setor deve realizar as suas projeções com independência.

   c) O orçamento não traz contribuições para o planejamento estratégico da empresa.

   d) Aprovação, execução e desistência são etapas do processo orçamentário.

4. Analise as afirmações a seguir e marque (V) para as verdadeiras ou (F) para as falsas. Depois, assinale a alternativa que apresenta a sequência correta:

   ( ) A Demostração do Resultado do Exercício (DRE) é um relatório financeiro.

   ( ) Em matéria orçamentária, é importante comparar os números previstos com os efetivamente realizados.

   ( ) Resultados econômicos positivos implicam, necessariamente, lucro financeiro.

   ( ) O orçamento de caixa é uma das principais peças orçamentárias.

   ( ) O elevado consumo de recursos e de tempo é uma limitação do processo orçamentário

   a) F – V – V – F – F

   b) V – F – F – V – V

c) F – V – F – V – V

d) F – F – F – V – V

5. Sobre o orçamento de vendas, é correto afirmar:

a) Tem pouca importância dentro do processo orçamentário.

b) Normalmente é elaborado com a colaboração do setor contábil.

c) Difere de todos os outros orçamentos, que estão condicionados ao orçamento de vendas.

d) As mudanças nos cenários interno e externo não o afetam, tendo em vista a rigidez de sua estrutura.

Para saber mais

Para aprofundar seus conhecimentos sobre orçamento empresarial, consulte as seguintes obras:

GUINDANI, A. A. et al. **Planejamento estratégico orçamentário**. Curitiba: Ibpex, 2011.

LUNKES, R. J. **Manual de orçamento**. 2. ed. São Paulo: Atlas, 2007.

PADOVEZE, C. L. **Controladoria avançada**. São Paulo: Thomson, 2005.

fluxo de caixa

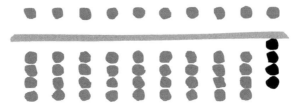

Conteúdos do capítulo

- Diferenças entre Demonstração dos Fluxos de Caixa (DFC), fluxo de caixa projetado e orçamento de caixa.
- Conceito de fluxo de caixa.
- Importância do fluxo de caixa na administração financeira.
- Estrutura do fluxo de caixa.

Após o estudo deste capítulo, você será capaz de:

1. identificar as diferenças entre Demonstração dos Fluxos de Caixa (DFC) e fluxo de caixa projetado;
2. elaborar um fluxo de caixa projetado.

4.1 Contexto geral do fluxo de caixa

De forma sintética, no capítulo anterior, conceituamos o fluxo de caixa (ou orçamento de caixa) como uma demonstração das entradas e saídas de disponibilidades previstas pela empresa para determinado período. Como o fluxo de caixa representa a principal ferramenta de gestão e controle da administração financeira, dedicaremos todo este capítulo à tarefa de apresentar e discutir os aspectos essenciais dessa ferramenta.

Veremos também neste capítulo que há uma diferença fundamental entre os relatórios que são projetados (fluxo ou orçamento de caixa) e a Demonstração dos Fluxos de Caixa (DFC), um relatório oficial que deve fazer parte das demonstrações financeiras de todas as empresas, exceto daquelas que tiverem patrimônio líquido inferior a R$ 2 milhões. Elaborada com base no Balanço Patrimonial (BP) e na Demonstração do Resultado do Exercício (DRE), a DFC também sintetiza as entradas e saídas de caixa, porém se reporta ao passado, ao invés de fazer projeções.

Embora esses relatórios se diferenciem no aspecto temporal, na essência, e sob o ponto de vista estrutural, são bem semelhantes, uma vez que traduzem a situação financeira da entidade (projetada ou realizada).

Orçamento de caixa $=$ Fluxo de caixa $\neq$ DFC

O ponto em comum entre essas demonstrações é a opção pelo regime de caixa para a apresentação do resultado de determinado período. É bom lembrar que outros relatórios contábeis relevantes para a análise do desempenho das empresas, como o BP e a DRE, obedecem ao regime de competência. Ainda que também seja possível realizar uma análise financeira por meio desses relatórios, maior destaque é dado por eles à situação patrimonial e ao resultado econômico da empresa.

Na sequência, vamos abordar separadamente essas demonstrações, para que você possa entender melhor esses conceitos.

4.2 Demonstração dos Fluxos de Caixa (DFC)

A DFC passou a ser obrigatória no Brasil por meio da Lei nº 11.638, de 28 de dezembro de 2007 (Brasil, 2007). Embora muitas empresas já a utilizassem antes, a legislação que tornou obrigatória a sua publicação, em substituição à Demonstração das Origens e Aplicações de Recursos (Doar), representou um grande avanço, que trouxe benefícios principalmente para os analistas da área financeira.

Segundo Iudícibus et al. (2010, p. 567),

O objetivo primário da Demonstração dos Fluxos de Caixa (DFC) é prover informações relevantes sobre os pagamentos e recebimentos, em dinheiro, de uma empresa, ocorridos durante um determinado período, e com isso ajudar os usuários das demonstrações contábeis na análise da capacidade da entidade de gerar caixa e equivalentes de caixa, bem como suas necessidades para utilizar esses fluxos de caixa.

Sob o ponto de vista estrutural, a DFC é muito mais simples do que a Doar. Por meio das demonstrações que foram geradas pelo regime de competência (BP e DRE), convertidas para o regime de caixa, ela é capaz de revelar detalhes importantes, tais como:

- por que a empresa obteve lucro contábil, mas não tem dinheiro em caixa;
- por que, numa situação inversa, há sobra de disponibilidades se o resultado contábil foi negativo;
- a capacidade da empresa para gerar fluxos positivos de caixa;
- a capacidade de pagamento;
- a taxa de conversão do lucro em caixa;
- a precisão das previsões financeiras realizadas no passado;
- os investimentos realizados em imobilizado;
- os aportes de capital realizados e suas origens;
- os dividendos pagos.

4.3 Métodos de elaboração da DFC

A DFC pode ser elaborada pelos métodos **direto** ou **indireto**. Independentemente da opção que se faça, sua estrutura básica está dividida em três partes, como pode ser visto na Figura 4.1.

Figura 4.1 – Estrutura básica da DFC

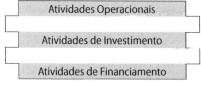

Fonte: Cruz; Andrich; Mugnaini, 2012, p. 55.

Por meio dessa estrutura, são segregadas as operações relacionadas às:

- **atividades operacionais:** compra e venda, pagamento de salários, de encargos, de fornecedores, de impostos, entre outros;

- **atividades de investimento:** entradas e saídas associadas à compra e venda de imobilizado; e

- **atividades de financiamento:** operações de empréstimo, aportes de capital próprio, venda de ações, pagamento de dividendos, entre outros.

Pelo método direto, parte-se da receita com vendas à vista. No modelo resumido no Quadro 4.1, podemos ter uma ideia da estrutura da DFC elaborada por meio da aplicação do método direto.

Quadro 4.1 – DFC: método direto

DEMONSTRAÇÃO DOS FLUXOS DE CAIXA	
ATIVIDADES OPERACIONAIS	R$
Recebimento de clientes	
Recebimento de juros	
Duplicatas descontadas	
Pagamentos	
A fornecedores	
De impostos	
De salários	
De juros	
De despesas antecipadas	
Caixa Líquido Consumido nas Atividades Operacionais	
ATIVIDADES DE INVESTIMENTO	R$
Recebimento pela venda de imobilizado	
Pagamento pela compra de imobilizado	
Caixa Líquido Consumido nas Atividades de Investimento	
ATIVIDADES DE FINANCIAMENTO	R$
Aumento de capital	

(continua)

(Quadro 4.1 – conclusão)

DEMONSTRAÇÃO DOS FLUXOS DE CAIXA

Empréstimos de curto prazo	
Pagamentos de dividendos	
Caixa Líquido Gerado nas Atividades de Financiamento	
SALDO FINAL	R$
Variação das disponibilidades	
Saldo de caixa do período X0	
Saldo de caixa do período X1	

Fonte: Iudícibus et al., 2010, p. 575.

A opção pelo **método direto** exige a apresentação em notas explicativas da conciliação entre o fluxo líquido de caixa gerado pelas operações e o lucro líquido do período.

A opção pelo **método indireto** dispensa essa formalidade, pois a própria estrutura da demonstração já contém essa informação. Pelo método indireto, parte-se do lucro líquido do exercício e efetuam-se os ajustes necessários para reconstituir tal lucro ao saldo de caixa líquido gerado pelas operações da empresa. Observe no Quadro 4.2 um modelo resumido do método indireto.

Quadro 4.2 – DFC: método indireto

DEMONSTRAÇÃO DOS FLUXOS DE CAIXA

ATIVIDADES OPERACIONAIS	R$
Lucro Líquido	
Mais: depreciação	
Menos: lucro na venda de imobilizado	
Lucro ajustado	
Aumento em duplicatas a receber	
Aumento em duplicatas descontadas	
Aumento em estoques	
Aumento em despesas pagas antecipadamente	

(continua)

(Quadro 4.2 – conclusão)

DEMONSTRAÇÃO DOS FLUXOS DE CAIXA	
Aumento em fornecedores	
Redução em provisão para IR a pagar	
Redução em salários a pagar	
Caixa Líquido Consumido nas Atividades Operacionais	
ATIVIDADES DE INVESTIMENTO	R$
Recebimento pela venda de imobilizado	
Pagamento pela compra de imobilizado	
Caixa Líquido Consumido nas Atividades de Investimento	
ATIVIDADES DE FINANCIAMENTO	R$
Aumento de capital	
Empréstimo de curto prazo	
Pagamentos de dividendos	
Caixa Líquido Gerado nas Atividades de Financiamento	
SALDO FINAL	R$
Variação das disponibilidades	
Saldo de caixa do período X_0	
Saldo de caixa do período X_1	

FONTE: Iudícibus et al., 2010, p. 575.

A DFC, como já mencionamos, é embasada em informações do passado retiradas dos demais relatórios contábeis. Sua elaboração não é complexa; depende apenas da observação atenta de algumas contas patrimoniais. A lógica é simples: se a empresa ganhou um prazo para pagar os seus fornecedores, deixou de utilizar recursos do seu caixa, pelo menos temporariamente. Da mesma forma, se houve um aumento dos estoques, é sinal de que recursos disponíveis foram aplicados nessa conta.

Em regra, então, os aumentos de caixa são representados, entre outros aspectos, por:

- redução de ativos;
- aumento de passivos;

- incorporação de lucros;
- venda de ações.

Contrariamente, reduções de caixa são representadas, entre outros aspectos, por:

- aumento de ativos;
- redução de passivos;
- incorporação de prejuízos;
- recompra de ações.

PERGUNTAS & RESPOSTAS

Qual é a importância da DFC para a análise financeira de uma entidade?

Além de apresentar de forma sintética toda a movimentação financeira da empresa, a DFC segrega as informações em grupos que permitem ao analista identificar o quanto de caixa foi gerado com cada tipo de operação (investimentos, operação própria e financiamento). Essa separação permite que se perceba, por exemplo, se a atividade operacional consegue, sozinha, gerar caixa suficiente para que a empresa honre os seus compromissos. Ou seja, apresentando informações segregadas, a DFC contribui para a identificação exata da origem e da aplicação de todos os recursos movimentados pela empresa.

4.1 Fluxo de caixa

Já apresentamos nos capítulos anteriores algumas atribuições essenciais do administrador financeiro, tais como:

- manter a empresa em situação de liquidez;
- avaliar investimentos realizados no ativo imobilizado;
- buscar aplicações mais rentáveis.

O cumprimento dessas atribuições exige a utilização de controles internos eficientes e, acima de tudo, muita capacidade de planejamento.

O fluxo de caixa (ou orçamento de caixa) representa uma ferramenta indispensável para a execução eficiente dessas tarefas. Ele permite ao administrador financeiro monitorar entradas e saídas de caixa (recursos em dinheiro, conta-corrente, aplicações de curto prazo) durante um período determinado. Sua principal função é permitir que a empresa adote medidas antecipadas para assegurar a disponibilidade de recursos necessários à manutenção das atividades operacionais.

É impossível falar em planejamento financeiro sem fluxo de caixa projetado. É esse instrumento que possibilita ao gestor financeiro antever as necessidades de capital, pesquisar fontes mais baratas de financiamento e programar melhor a aplicação de possíveis saldos de caixa.

Assim como é importante estabelecer o ponto de equilíbrio econômico, isto é, quanto a empresa precisa vender para cobrir os seus gastos, é de extrema importância o ponto de equilíbrio financeiro. Bons resultados econômicos podem ser comprometidos por excessivas despesas financeiras, que aos poucos vão corroendo o patrimônio da entidade. Afinal, é preciso ter em mente que os resultados financeiro e contábil, que são sempre econômicos, ocorrem em tempos diferentes. A busca incessante de um equilíbrio entre esses dois fatores é fundamental para a continuidade do negócio.

Quando o administrador financeiro compara o seu fluxo projetado com o resultado realizado, obtém uma série de informações úteis para a análise do desempenho financeiro do processo.

4.4.1 Estruturando o fluxo de caixa

É claro que a insuficiência de caixa representa o maior desafio para o gestor financeiro. Sem dinheiro para pagar fornecedores, impostos e salários em dia, todo o negócio fica irremediavelmente comprometido. No entanto, excedentes elevados de caixa também podem significar que há má gestão dos recursos disponíveis. Assim, são dois os principais desafios a serem observados:

1. identificação de origens de recursos adequados de terceiros (no caso da falta de recursos);
2. identificação de investimentos atrativos (no caso da sobra de recursos).

Tanto a escassez quanto a sobra de caixa são, de alguma forma, prejudiciais à empresa; suas consequências podem ser observadas a curto e a longo prazo. Dessa constatação decorre a importância de se buscar continuamente uma situação de equilíbrio, que só pode ser alcançada por meio de muito planejamento, da utilização de informações confiáveis, de bons controles internos, da experiência profissional e da perspicácia para a avaliação das nuances do mercado.

O ponto de convergência de todos esses fatores, isto é, a síntese de todas essas variáveis, no âmbito da administração financeira, aparece de forma expressa no fluxo de caixa. Elaborá-lo com compromisso e monitorá-lo com responsabilidade é uma atribuição de todos os setores da empresa envolvidos no processo. Ao gestor financeiro, contudo, cabe um papel ainda mais importante: é dele o compromisso de se debruçar sobre os dados consolidados e extrair informações úteis para a prosperidade do negócio.

A complexidade e a amplitude dos vários fluxos de caixa estão relacionadas à especificidade de cada tipo de negócio. Empresas de grande porte, em que há muitos setores, geralmente têm a tarefa de elaboração do fluxo de caixa descentralizada. Em empresas menores, por outro lado, geralmente é o gestor financeiro que tem essa atribuição. No entanto, independentemente do tamanho do negócio, há uma estrutura básica e um procedimento padrão que é seguido por todos na elaboração desse relatório. Como é bastante simples a estrutura do fluxo de caixa, é conveniente utilizá-lo até mesmo em nossa vida pessoal. Na sequência, vamos apresentar passo a passo a elaboração de um fluxo de caixa simplificado, que pode ser adaptado a diferentes situações.

Independentemente do setor de atuação da empresa ou de seu porte, em geral as contas que fazem parte do fluxo de caixa são sempre as mesmas. As entradas mais comuns são:

- vendas à vista;
- recebimento de vendas a prazo;
- desconto de duplicatas;
- rendimentos de aplicação financeira;
- vendas de ativos;
- investimentos de capital próprio etc.

As principais saídas são:

- fornecedores;
- salários e encargos sociais;
- impostos;
- despesas gerais;
- despesas financeiras;
- compras de ativo.

Figura 4.2 – Fluxo de caixa: entradas e saídas

Para facilitar o entendimento, vamos apresentar um modelo em que constam apenas as atividades operacionais e de financiamento. Nosso fluxo de entradas será composto pelos recursos oriundos das vendas (à vista e a prazo) e por um aporte de capital realizado pelos sócios. Nossas saídas serão compostas pelos seguintes itens:

- impostos;
- compras à vista;
- compras a prazo;
- despesas administrativas;
- despesas comerciais;
- despesas financeiras.

Veja, no Quadro 4.3, como ficará a estrutura do fluxo de caixa.

Quadro 4.3 – Estrutura básica do fluxo de caixa

	Fato gerador	Jan.	Fev.	Mar.	Abr.	Maio	Jun.	Jul.
	Saldo Inicial							
	Entradas							
1	Vendas à Vista							
1	Recebimento de Clientes							
	Total das Entradas							
	Saídas							
4	Impostos							
2 e 3	Compras à Vista							
2 e 3	Compras a Prazo							
4	Despesas Administrativas							
4	Despesas Comerciais							
4	Despesas Financeiras							
	Total das Saídas							
	Saldo Operacional							
	Aumento de Capital							
	Saldo Final							

Para que você entenda melhor os números originados das operações de venda, compra, apuração de impostos e de despesas (destaques 1, 2, 3 e 4 do Quadro 4.3), apresentaremos na sequência um detalhamento dessas operações em tabelas auxiliares, que posteriormente serão transferidas para a estrutura do fluxo. É importante lembrar que, para a elaboração do fluxo de caixa, devemos considerar somente os recursos efetivamente recebidos no período.

Estudo de caso[1]

O gestor financeiro da nossa empresa exemplo, a qual denominaremos de *Comercial Vitória Ltda.*, tem um controle criterioso de todas as operações realizadas. Analisando o comportamento das vendas em anos anteriores, o gestor chegou à conclusão de que, em média, somente 10% das vendas são recebidas à vista. O restante se transforma em caixa num prazo médio de 30 dias. Outra informação relevante diz respeito à sazonalidade do negócio, que historicamente apresenta uma retração nas vendas nos meses de maio e junho. De posse dessas informações, o gestor projetou um faturamento para os próximos 6 meses.

Com o faturamento de janeiro já encerrado, foi possível projetar os recebimentos de fevereiro (R$ 139.400,00 · 90% = R$ 125.460,00). Para simplificar o nosso exemplo, vamos trabalhar com a hipótese de inadimplência zero. Os recebimentos à vista de fevereiro (R$ 13.650,00) representam exatamente 10% do faturamento bruto desse mês. Para os meses subsequentes, aplicamos o mesmo critério para a definição do total de entradas. Veja na Tabela 4.1.

Tabela 4.1 – Composição do faturamento – Tabela auxiliar nº 1

Vendas	Jan.	Fev.	Mar.	Abr.	Maio	Jun.	Jul.
Faturamento Total	139.400,00	136.500,00	143.000,00	128.000,00	127.000,00	135.000,00	137.000,00
À Vista (10%)		13.650,00	14.300,00	12.800,00	12.700,00	13.500,00	13.700,00
A Prazo (90%)		125.460,00	122.850,00	128.700,00	115.200,00	114.300,00	121.500,00
Total das Entradas		139.110,00	137.150,00	141.500,00	127.900,00	127.800,00	135.200,00

[1] O estudo de caso será mesclado com a teoria para um melhor entendimento por parte do leitor.

Depois das entradas, o segundo item de maior relevância no fluxo de caixa são as compras. Para obter os valores relativos às compras, o gestor lançou mão de seus conhecimentos contábeis e realizou suas projeções com base no seguinte raciocínio:

- Primeiramente, com base em séries históricas, o gestor apurou a representatividade do Custo da Mercadoria Vendida (CMV) no resultado da empresa, observando que este, em média, representa 70% do faturamento bruto. De posse desse dado, ficou fácil calcular o CMV projetado do semestre. Veja abaixo:

FÓRMULA: (FATURAMENTO MENSAL . 70%) = CMV

- Fevereiro: (R$ 136.500,00 . 70%) = R$ 95.550,00

- Março: (R$ 143.000,00 . 70%) = R$ 100.100,00

- Abril: (R$ 128.000,00 . 70%) = R$ 89.600,00

- Maio: (R$ 127.000,00 . 70%) = R$ 88.900,00

- Junho: (R$ 135.000,00 . 70%) = R$ 94.500,00

- Julho: (R$ 137.000,00 . 70%) = R$ 95.900,00

- Depois de projetar o CMV do semestre, o gestor financeiro pesquisou (considerando as dificuldades de logística, o espaço disponível para armazenamento dos materiais, entre outras variáveis) qual seria o nível mínimo necessário de estoque, em média, para atender com agilidade à demanda projetada. Também com base na experiência acumulada, concluiu que a empresa deveria manter estoques para suportar pelo menos 15 dias de venda, ou seja, em média, renovaria seus estoques duas vezes por mês. Essa projeção permitiu a definição de um estoque mínimo ideal. A lógica utilizada foi simples: se a empresa já tinha uma projeção do seu

CMV e sabia que era necessário encerrar o mês com estoque suficiente para operar por mais 15 dias, então o estoque final deveria representar 50% do CMV. Assim, foi possível projetar o estoque final mínimo desejável para todo o semestre, bastando multiplicar o CMV de cada mês pelo percentual de 50%. Veja a seguir:

FÓRMULA: (CMV . 50%) = ESTOQUE FINAL

- Fevereiro: (R$ 95.550,00 . 50%) = R$ 47.775,00

- Março: (R$ 100.100,00 . 50%) = R$ 50.050,00

- Abril: (R$ 89.600,00 . 50%) = R$ 44.800,00

- Maio: (R$ 88.900,00 . 50%) = R$ 44.450,00

- Junho: (R$ 94.500,00 . 50%) = R$ 47.250,00

- Julho: (R$ 95.900,00 . 50%) = R$ 47.950,00

- Com os cálculos realizados e de posse do saldo final de estoque do mês de janeiro, o gestor reuniu todas as informações necessárias à definição do valor das compras para o mês de fevereiro.

- Saldo final de estoques de janeiro: R$ 48.790,00.

- CMV de fevereiro: R$ 95.550,00.

- Saldo final de estoques desejado para fevereiro: R$ 47.775,00.

Para apurar, finalmente, o valor das compras, basta lançar os valores encontrados na fórmula clássica do CMV:

$$CMV = EI + C - EF$$

Em que:

> CMV = Custo da Mercadoria Vendida.
>
> EI = Estoque Inicial.
>
> C = Compras.
>
> EF = Estoque Final.

Isolando o "C", temos:

$$C = CMV - EI + EF$$

Aplicando na fórmula os números de fevereiro, chegamos a um valor estimado de compras, para esse mês, de R$ 94.535,00. Veja o cálculo:

> C = CMV – EI + EF
>
> C = R$ 95.550,00 – R$ 48.790,00 + R$ 47.775,00
>
> C = R$ 94.535,00

Para os meses seguintes de nossa projeção, utilizamos o mesmo procedimento de cálculo. Veja os resultados na Tabela 4.2.

Finalmente, com as compras projetadas para todo o semestre, o gestor financeiro poderá consultar novamente as séries históricas da empresa, observando que, em média, 20% das compras sempre foram pagas à vista e o restante, num prazo médio de 30 dias.

Com base nesse critério, veja como ficam as compras para o semestre projetado na Tabela 4.3.

Tabela 4.2 – Cálculo da necessidade de compras – Tabela auxiliar nº 2 (em reais)

C = CMV - EI + EF	Jan.	Fev.	Mar.	Abr.	Maio	Jun.	Jul.
Estoque Inicial	51.000,00	48.790,00	47.775,00	50.050,00	44.800,00	44.450,00	47.250,00
Compras	95.370,00	94.535,00	102.375,00	84.350,00	88.550,00	97.300,00	96.600,00
Estoque Final	48.790,00	47.775,00	50.050,00	44.800,00	44.450,00	47.250,00	47.950,00
CMV	97.580,00	95.550,00	100.100,00	89.600,00	88.900,00	94.500,00	95.900,00

Tabela 4.3 – Composição das compras – Tabela auxiliar nº 3 (em reais)

Compras do período	Fev.	Mar.	Abr.	Maio	Jun.	Jul.
Valor Total	94.535,00	102.375,00	84.350,00	88.550,00	97.300,00	96.600,00
Compras à Vista (20%)	18.907,00	20.475,00	16.870,00	17.710,00	19.460,00	19.320,00
Compras a Prazo (80%)	75.628,00	81.900,00	67.480,00	70.840,00	77.840,00	77.280,00

Tabela 4.4 – Composição das despesas tributárias, administrativas, comerciais e financeiras – Tabela auxiliar nº 4 (em reais)

Período	Jan.	Fev.	Mar.	Abr.	Maio	Jun.	Jul.
Vendas	139.400,00	136.500,00	1.143.000,00	128.000,00	127.000,00	135.000,00	137.000,00
Impostos (12%)		116.728,00	16.380,00	17.160,00	15.360,00	15.240,00	16.200,00
Despesas Administrativas (13%)		17.745,00	18.590,00	16.640,00	16.510,00	17.550,00	17.810,00
Despesas Comerciais (4%)		5.460,00	5.720,00	5.120,00	5.080,00	5.400,00	5.480,00
Despesas Financeiras (1%)		1.365,00	1.430,00	1.280,00	1.270,00	1.350,00	1.370,00

Tabela 4.5 – Fluxo de caixa projetado (em reais)

Fato Gerador	Fev.	Mar.	Abr.	Maio	Jun.	Jul.
Saldo Inicial	-2.450,00	159,00	86,00	2.616,00	7.106,00	5.066,00
Entradas						
Vendas à Vista	13.650,00	14.300,00	12.800,00	12.700,00	13.500,00	13.700,00
Recebimento de Clientes	125.460,00	122.850,00	128.700,00	115.200,00	114.300,00	121.500,00
Total das Entradas	139.110,00	137.150,00	141.500,00	127.900,00	127.800,00	135.200,00
Saídas						
Impostos	16.728,00	16.380,00	17.160,00	15.360,00	15.240,00	16.200,00
Compras à Vista	18.907,00	20.475,00	16.870,00	17.710,00	19.460,00	19.320,00
Compras a Prazo	76.296,00	75.628,00	81.900,00	67.480,00	70.840,00	77.840,00
Despesas Administrativas	17.745,00	18.590,00	16.640,00	16.510,00	17.550,00	17.810,00
Despesas Comerciais	5.460,00	5.720,00	5.120,00	5.080,00	5.400,00	5.480,00
Despesas Financeiras	1.365,00	1.430,00	1.280,00	1.270,00	1.350,00	1.370,00
Total das Saídas	136.501,00	138.223,00	138.970,00	123.410,00	129.840,00	138.020,00
Saldo Operacional						
Aumento de Capital		1.000,00				
Saldo Final	159,00	86,00	2.616,00	7.106,00	5.066,00	2.246,00

Para completar o fluxo de caixa, precisamos ainda projetar nossas despesas (tributárias, administrativas, comerciais e financeiras). Com base no histórico dos dados, foi possível projetá-las por meio de percentuais médios, que foram aplicados sobre o faturamento. No caso dos impostos, o parâmetro utilizado foi o do faturamento do mês anterior, tendo em vista que o recolhimento dos tributos é realizado sempre no mês posterior à ocorrência do fato gerador. Veja na Tabela 4.4 como ficaram os números.

Agora, finalmente, podemos apresentar o fluxo projetado, conforme apresentado na Tabela 4.5.

Como as projeções indicam que haverá insuficiência de caixa no mês de março e tendo em vista a disposição dos sócios da empresa para suprir essa necessidade com um novo aporte de capital, já previmos em nosso relatório um investimento da ordem de R$ 1.000,00 para esse mês.

Por outro lado, uma vez que há previsão de sobra de caixa para os meses de maio e junho, é importante que o gestor financeiro pesquise com antecedência algumas opções de investimento de curto prazo. Além de aplicações em instituições financeiras, uma boa alternativa é a antecipação de pagamentos de fornecedores mediante a negociação de descontos.

A previsão de sobra de caixa permite também que a empresa ofereça aos seus clientes prazos de pagamento um pouco maiores, estratégia que pode contribuir para o aumento das vendas. Com dinheiro em caixa, é possível ainda realizar algumas negociações de compra à vista ou com prazos menores. Nesse caso, é preciso sempre estar atento se os preços praticados realmente são menores do que os comumente oferecidos para vendas a prazo.

Enfim, a projeção do fluxo financeiro traz uma série de vantagens para a empresa, na medida em que permite o planejamento antecipado de ações de financiamento e investimento, que, se fossem definidas de última hora, certamente não seriam tão criteriosas.

EXERCÍCIO RESOLVIDO

Com base nos dados apresentados na tabela e utilizando a equação seguinte, calcule a necessidade de compras para os meses de janeiro a junho.

$$C = CMV - EI + EF$$

	Jan.	Fev.	Mar.	Abr.	Maio	Jun.
Estoque Inicial	52.000,00	48.880,00	47.500,00	50.200,00	44.700,00	44.550,00
Estoque Final	49.500,00	47.882,00	50.100,00	44.811,00	44.600,00	47.333,00
CMV	97.320,00	95.330,00	99.999,00	89.344,00	88.200,00	94.300,00

Resposta:

Janeiro	R$ 94.820,00
Fevereiro	R$ 94.332,00
Março	R$ 102.599,00
Abril	R$ 83.955,00
Maio	R$ 88.100,00
Junho	R$ 97.083,00

Síntese

Neste capítulo, você estudou as diferenças fundamentais entre o relatório oficial elaborado pelas empresas para retratar o seu desempenho financeiro, denominado *Demonstração dos Fluxos de Caixa* (DFC), e o relatório gerencial, elaborado internamente, que tem por objetivo antever as necessidades e as possíveis sobras de capital, denominado *fluxo de caixa projetado*. Você aprendeu, também, a elaborar o seu próprio fluxo de caixa e percebeu a importância dessas projeções para o sucesso de qualquer empreendimento.

Agora que você já conhece os fundamentos dessa indispensável ferramenta da gestão financeira, discutiremos com mais profundidade, no próximo capítulo, como calcular o volume de capital de giro necessário à manutenção das atividades operacionais de uma empresa. Também apresentaremos algumas opções de investimento para cenários positivos, de sobra de caixa.

Questões para revisão

1. Diferencie Demonstração dos Fluxos de Caixa (DFC) de fluxo de caixa projetado.

2. Conceitue fluxo de caixa.

3. Sobre a DFC, é correto afirmar:
   a) Em breve será substituída pela Demonstração das Origens e Aplicações de Recursos (Doar).
   b) Passou a ser obrigatória no Brasil após a Lei nº 11.638/2007.
   c) Tem como objetivo principal prover informações sobre as variações do patrimônio líquido.
   d) Só pode ser elaborada pelo método direto.

4. Assinale a alternativa que apresenta apenas eventos que contribuem para o aumento de caixa:
   a) Redução de ativos, redução de passivos e recompra de ações.
   b) Redução de ativos, incorporação de lucros e aumento de passivos.
   c) Redução de ativos e recompra de ações.
   d) Incorporação de prejuízos, aumento de passivos e redução de ativos.

5. Numere a primeira coluna de acordo com a segunda. Depois, assinale a alternativa que apresenta a sequência correta:

1. Eventos que representam entradas de caixa.

2. Eventos que representam saídas de caixa.

( ) Folha e encargos
( ) Despesas
( ) Capital próprio
( ) Capitais de terceiros
( ) Vendas à vista
( ) Impostos
( ) Vendas de ativos

a) 2 – 2 – 1 – 1 – 1 – 2 – 1
b) 2 – 1 – 1 – 2 – 2 – 2 – 1
c) 1 – 2 – 2 – 1 – 2 – 1 – 1
d) 2 – 2 – 1 – 2 – 1 – 2 – 2

Para saber mais

Para aprofundar seus conhecimentos sobre a Demonstração dos Fluxos de Caixa (DFC) e o fluxo de caixa projetado, consulte:

IUDÍCIBUS, S. de et al. **Manual de contabilidade societária**. São Paulo: Atlas, 2010.

CRUZ, J. A. W.; ANDRICH, E. G.; MUGNAINI, A. **Análise das demonstrações financeiras**: teoria e prática. 3. ed. Curitiba: Juruá, 2012.

Gestão financeira na prática

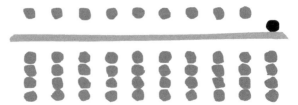

Conteúdos do capítulo

- Capital de giro.
- Capital de Giro Líquido (CGL).
- Necessidade de capital de giro.
- Administração de estoques.
- Administração de recebíveis.

Após o estudo deste capítulo, você será capaz de:

1. perceber a importância da administração do capital de giro para a saúde financeira da empresa;
2. calcular o Capital de Giro Líquido (CGL);
3. estimar a necessidade de capital de giro por meio de informações extraídas do Balanço Patrimonial (BP);
4. estimar a necessidade de capital de giro por meio da análise do fluxo financeiro;
5. compreender a importância dos recebíveis e dos estoques dentro da estratégia de administração do capital de giro.

5.1 Contexto geral

Nos capítulos anteriores, apresentamos inúmeros argumentos favoráveis à elaboração de fluxos financeiros projetados.

A importância de tais previsões foi exaustivamente discutida, de forma que você já deve estar ciente de que o diagnóstico antecipado de cenários financeiros, sejam eles positivos, sejam negativos, é uma iniciativa imprescindível para o sucesso de qualquer entidade, com ou sem fins lucrativos.

No entanto, não basta apenas fazer previsões. Nenhum sentido haveria em investir tempo e dinheiro nesse trabalho se ele não servisse para que o gestor financeiro ou os responsáveis diretos pela gestão do negócio percebessem os pontos fracos e tomassem medidas para corrigi-los.

As perguntas cruciais passam a ser, então: **O que fazer? O que, essencialmente, é preciso observar, no âmbito da gestão financeira, para que a empresa se mantenha em situação de liquidez?**

É óbvio que não há uma receita única, aplicável a todos os ramos de negócio ou tipos de empresa. Contudo, há um conjunto de boas práticas que são elementares e que, se forem observadas com certo rigor, podem contribuir de forma decisiva para o cumprimento das metas financeiras.

De forma didática, neste capítulo pretendemos apresentar e discutir algumas dessas práticas, ainda que sem a intenção de esgotar o tema. Como você já deve ter percebido, nossa perspectiva tem privilegiado exemplos que podem ser aplicados em empresas comerciais e industriais, uma vez que esses exemplos têm considerado sempre, nas demonstrações apresentadas, a existência da conta *Estoques*. Nosso enfoque se justifica pela notória complexidade que esse tipo de ativo representa para a gestão financeira. Desse modo, se você compreender bem os conceitos apresentados, observando cenários mais complexos, certamente terá facilidade para aplicá-los em situações mais simples, assim como na sua vida pessoal.

5.2 Capital de giro

Embora os administradores financeiros sejam responsáveis por decisões que afetam a empresa a longo prazo (como a realização de investimentos em itens do imobilizado ou a captação de recursos para pagamentos de forma parcelada), é a curto prazo, especificamente, que se encontra o objetivo principal da atuação desses profissionais.

Decisões estratégicas, de investimento ou financiamento, são muito importantes, mas não são feitas todos os dias. Decisões operacionais, no entanto, são tomadas em todos os momentos; delas depende, essencialmente, a rentabilidade do negócio.

A tarefa cotidiana do administrador financeiro, então, está intimamente ligada à administração dos recursos utilizados pela empresa para a operacionalização do seu negócio (pagamento de fornecedores, despesas, impostos, salários, encargos sociais etc.). A esses recursos em constante movimento damos o nome de *capital de giro*.

No Balanço Patrimonial (BP), esses recursos estão concentrados em dois grupos: no Ativo Circulante e no Passivo Circulante. Confira na Figura 5.1.

Figura 5.1 – Estrutura básica do Balanço Patrimonial (BP)

Na figura anterior, temos uma representação gráfica do BP. Em geral, ele é divulgado pelas empresas numa estrutura semelhante à apresentada a seguir, no Quadro 5.1, com as contas do Ativo (Bens e Direitos) do lado esquerdo e as contas do Passivo (Obrigações) e do Patrimônio Líquido do lado direito.

Quadro 5.1 – Estrutura básica do Balanço Patrimonial (BP)

ATIVO CIRCULANTE	PASSIVO CIRCULANTE
Caixa	Fornecedores
Banco	Salários a Pagar
Contas a Receber	Encargos Sociais a Pagar
Estoques	Impostos a Pagar
Despesas Antecipadas	Empréstimos a Pagar
ATIVO NÃO CIRCULANTE	**PASSIVO NÃO CIRCULANTE**
Realizável a Longo Prazo	
Investimentos	**PATRIMÔNIO LÍQUIDO**
Imobilizado	Capital Social
Intangível	Reservas de Lucro
TOTAL DO ATIVO	**TOTAL DO PASSIVO**

FONTE: Elaborado com base em Iudícibus et al., 2010, p. 3.

Claro, há outras formas de apresentação. Alguns relatórios dispõem os grupos na sequência. Nesse caso, as contas passivas são sempre apresentadas após as do Ativo. Na verdade, não importa muito a forma de apresentação. O importante é você saber que as origens de recursos, que podem ser próprios ou de terceiros (ver Capítulo 2), estão sempre expressas no Passivo ou no Patrimônio Líquido.

Na representação anterior, então, o dinheiro "entraria" em nossa empresa pelo lado direito e estaria sendo aplicado no lado esquerdo. Como o balanço representa uma igualdade matemática, o valor das origens é sempre igual ao valor das aplicações, proporcionando um equilíbrio contábil. De tal equilíbrio decorre o nome do relatório: *Balanço Patrimonial*, uma corruptela da palavra *balança*.

A denominação *circulante* não é aleatória. Se tomarmos como exemplo as três principais contas do Ativo Circulante, perceberemos claramente que elas representam recursos em movimento constante e circular, tal como demonstrado na Figura 5.2. O dinheiro sai da conta *Caixa* (ou *Banco*) e é utilizado para aquisição de estoques. Posteriormente, esses estoques são vendidos a prazo. Essa operação movimenta novamente os recursos, que agora são destinados à conta *Clientes* (ou *Contas a Receber*). Finalmente, quando o título é quitado, o dinheiro volta à conta *Caixa*.

Figura 5.2 – Ciclo financeiro

O **Ativo Circulante**, então, representa as aplicações de curto prazo (menos de um ano): caixa, bancos, estoques, clientes etc.

O **Passivo Circulante**, por sua vez, representa as fontes de financiamento de curto prazo: fornecedores, salários, encargos sociais, impostos etc.

5.3 Capital de Giro Líquido (CGL)

Como os grupos circulantes (Ativo e Passivo) concentram os capitais de curto prazo, ou seja, origens e aplicações destinadas à manutenção da atividade operacional da empresa, é neles que se concentram os recursos com os quais o administrador financeiro pode realmente contar. Em outras palavras, o **capital de giro disponível**.

Primeiramente, é importante que nos familiarizemos com alguns conceitos. O primeiro deles é o de Capital de Giro Líquido (CGL), que pode ser expresso pela seguinte fórmula:

$$CGL = AC - PC$$

Em que:

CGL = Capital de Giro Líquido.

AC = Ativo Circulante.

PC = Passivo Circulante.

Algumas obras registram o termo *Capital Circulante Líquido* (CCL), que tem o mesmo significado. O CGL pode ser negativo ou positivo. Muito embora o CGL positivo indique que o Ativo Circulante é superior ao Passivo Circulante, isso não significa, obrigatoriamente, que a empresa está imune a problemas financeiros a curto prazo. É importante sempre verificar a composição dessas contas. Numa análise mais detalhada, podem ser feitas descobertas desagradáveis, tais como:

- a de que o estoque é composto, majoritariamente, por itens depreciados ou obsoletos, que dificilmente serão vendidos; ou

- a de que as obrigações apresentam prazo de vencimento anterior às datas previstas para o recebimento dos clientes.

Ou seja, esse cálculo pode dar ao gestor uma ideia superficial da situação financeira da empresa, mas o acesso a relatórios mais detalhados é imprescindível para uma análise definitiva.

PERGUNTAS & RESPOSTAS

Com base no BP a seguir, calcule o CGL.

ATIVO CIRCULANTE (R$)	230.400	PASSIVO CIRCULANTE (R$)	201.000
Caixa	2.000	Fornecedores	99.000
Banco	36.000	Salários a Pagar	52.000
Contas a Receber	122.000	Encargos Sociais a Pagar	12.800
Estoques	68.000	Impostos a Pagar	29.000
Despesas Antecipadas	2.400	Empréstimos a Pagar	8.200
ATIVO NÃO CIRCULANTE (R$)	101.000	**PASSIVO NÃO CIRCULANTE (R$)**	7.300
Realizável a Longo Prazo	22.000	PATRIMÔNIO LÍQUIDO (R$)	**123.100**
Investimentos	44.000		
Imobilizado	33.000	Capital Social	120.000
Intangível	2.000	Reservas de Lucro	3.100
TOTAL DO ATIVO (R$)	**331.400**	**TOTAL DO PASSIVO (R$)**	**331.400**

CGL = AC − PC

CGL = 230.400 − 201.000

CGL = 29.400

5.4 Administrando com eficiência o capital de giro

A escassez de recursos para o cumprimento, dentro do prazo, das obrigações geradas pelas atividades operacionais da empresa pode ter várias causas. Entre elas, podemos citar:

- a redução das vendas;
- a elevação dos custos de produção;
- o aumento das despesas administrativas;
- o investimento excessivo em itens do imobilizado com recursos circulantes.

Embora tais situações sejam recorrentes e possam, isoladamente ou em conjunto, comprometer o equilíbrio financeiro da empresa, boa parte dos problemas de insuficiência de caixa tem sua origem na má administração de dois ativos fundamentais: estoques e contas a receber.

À primeira vista, pode parecer que a afirmação é um pouco exagerada e simplista. Um exame mais detalhado, porém, revela a coerência dessa teoria. Todas as empresas se esforçam para concentrar seus investimentos em ativos de longo prazo, que oferecem retornos mais elevados. Quanto maior o volume de dinheiro aplicado no giro operacional, menos sobra para investir em equipamentos mais modernos e com maior capacidade de produção; em treinamento; em pesquisa e desenvolvimento de novos produtos; em formação de mão de obra especializada; em novas unidades de negócio; em outras empresas etc.

Nesse sentido, reduzir o volume de capitais aplicados no curto prazo é uma necessidade para qualquer empresa, o que representa uma estratégia fundamental para o cumprimento das metas de maximização dos lucros. Isso ocorre não só porque os ativos de longo prazo são mais rentáveis, mas também porque há uma necessidade de se aplicar de forma eficiente os recursos circulantes, que, em geral, representam um custo financeiro elevado para as empresas.

É preciso ter em mente que as empresas são sempre financiadas por investidores que buscam remuneração de seus capitais. Por essa razão, cada centavo investido possui um custo financeiro para a empresa. Dinheiro parado (ou mal investido) influencia diretamente na redução das margens de lucro, que geralmente já são pequenas na maior parte dos setores da economia.

Basicamente, o que faz as empresas terem picos de insuficiência de caixa – ou, ainda pior, enfrentarem problemas crônicos dessa natureza – é o excesso de estoques e de contas a receber. Por isso, é importante administrar eficientemente esses ativos; na sequência, você vai compreender por que eles são tão importantes.

5.5 A importância dos estoques

Quando um exercício é encerrado e é elaborada a Demonstração do Resultado do Exercício (DRE), a empresa chega a uma situação de lucro ou prejuízo econômico. A rentabilidade apurada em cada exercício social nunca representa um resultado financeiro, ou seja, o resultado obtido após o confronto de todas as receitas, custos e despesas não representa, necessariamente, dinheiro em caixa ou em banco. O retorno de operações pode estar aplicado em qualquer conta do Ativo. Quanto mais próxima a conta referida estiver do grupo que se convencionou chamar de *Disponibilidades* (Caixa, Banco e Aplicações Financeiras de Curto Prazo), mais rapidamente ela se transformará em dinheiro, uma vez que as contas são elencadas no Ativo em ordem decrescente de liquidez.

Certos resultados, porém, nunca se transformarão em dinheiro. Não há nenhuma garantia, por exemplo, de que todos os valores expressos na conta *Clientes* serão recebidos; com relação à conta *Estoques*, então, há uma chance considerável de que ocorram perdas. Por esse motivo, é de importância vital para a empresa o gerenciamento eficiente de tais ativos. Como a empresa tenta reduzir ao mínimo necessário seus investimentos em ativos de curto prazo, no caso específico dos estoques ela deve ter como meta o giro rápido, sem que haja descuidos com a manutenção de tais estoques mínimos, para que as vendas não sejam perdidas por falta de mercadoria.

A boa administração financeira deve ter em mente que os recursos consumidos por estoques elevados não estão relacionados somente à aquisição dos produtos ou das matérias-primas, no caso das empresas industriais.

Há uma série de custos e despesas envolvidas, direta ou indiretamente, para a manutenção dos estoques, entre os quais podemos citar os descritos a seguir.

- **Custos financeiros** – Não é incomum que empresas com controles internos deficientes canalizem recursos essenciais à manutenção de suas operações para constituir estoques acima de suas necessidades. Em geral, o equívoco acaba obrigando-as a buscar dinheiro no mercado para o pagamento de seus compromissos. Embora possa parecer evidente que problemas de insuficiência de caixa muitas vezes estão relacionados ao excesso de estoques, nem sempre isso é percebido com clareza pelos gestores.

- **Elevação do Custo da Mercadoria Vendida (CMV)** – A falta de recursos para a aquisição de estoques à vista (ou com prazos menores) implica uma inevitável incorporação do custo financeiro, pelo fornecedor, ao preço da mercadoria. Esse ônus também costuma passar despercebido pela maioria dos gestores. O problema da falta crônica de caixa acaba viciando o setor de compras em priorizar sempre a negociação de prazos, em vez de buscar descontos no valor do produto adquirido.

- **Seguro e armazenamento** – Custos relativos ao seguro e ao armazenamento (aluguel, energia elétrica, água etc.) dos estoques também devem ser considerados, sobretudo quando os produtos necessitam de amplos espaços para serem armazenados ou, por serem perecíveis, exigem acondicionamento climatizado.

- **Deterioração** – As perdas por deterioração não são uma exclusividade das empresas que trabalham com gêneros alimentícios. A ampla maioria dos produtos, nos diferentes ramos, tem um prazo de validade determinado. Se não há uma boa gestão dos estoques, é possível que itens com vencimento mais distante sejam vendidos antes, provocando a perda em função da falta de validade de itens remanescentes. O excesso de estoques também contribui para o aumento das perdas por deterioração ou expiração da validade.

- **Obsolescência** – Nesse caso, o encalhe não ocorre por deterioração ou validade vencida. Em determinados ramos (como no da informática), o lançamento de novos produtos se dá numa velocidade tão grande que não é incomum que produtos relativamente recentes sejam considerados obsoletos pelo mercado, perdendo valor e atratividade.

- **Mão de obra** – Quanto maiores os estoques, maior é a necessidade de mão de obra para o seu controle. Nesse quesito é preciso considerar, além do trabalho das pessoas diretamente envolvidas com o manuseio das mercadorias e dos produtos, a mão de obra de profissionais de auditoria, seja esta interna, seja externa. É bom lembrar que muitas das fraudes contábeis ocorrem justamente nesse setor; daí a importância da realização de auditorias periódicas

Se são tantos os custos envolvidos na manutenção dos estoques, que só tendem a crescer na proporção desses ativos, o que fazer para evitar desperdícios de recursos e diminuir as perdas por deterioração e obsolescência? De quem é a responsabilidade de monitorar e controlar os recursos investidos nessa conta?

Ora, se a conta *Estoques* é tão importante para as empresas, cabe aos gestores mais graduados, incluindo o administrador financeiro, a tarefa de supervisionar continuamente a evolução de tais ativos. Para isso, é necessário que sejam criados procedimentos de verificação e controle permanentes. Uma boa gestão de estoques pressupõe:

- a existência de relatórios ou controles que, com base no histórico das movimentações, informem o estoque mínimo necessário para o atendimento da demanda sem comprometer as vendas e sem exagerar na quantidade de itens armazenados;

- a existência de relatórios que acusem os itens com movimento nulo ou abaixo da média histórica, de forma que o setor comercial possa ser informado com vistas ao fomento de campanhas promocionais dirigidas aos clientes que já adquiriram esses produtos no passado;

- o controle periódico dos produtos que apresentarem redução de giro, a fim de se compararem os custos de aquisição com os valores de mercado. Quando se observa uma desvalorização de determinados itens no mercado, é preferível realizar vendas com margens menores a manter produtos no estoque que não apresentam perspectiva de venda futura;

- um controle físico rigoroso dos itens armazenados que observe os prazos de validade;

- inventários físicos permanentes, ainda que realizados por amostragem.

Enfim, cada empresa, observadas as suas especificidades, deve se preocupar em criar mecanismos de controle permanente desses ativos, para que se alcance a otimização máxima dos recursos investidos, seja em matéria-prima, seja em mercadorias para revenda ou para consumo interno.

Em tempos passados, quando a inflação era galopante e os sistemas logísticos não tão desenvolvidos, fazia algum sentido o investimento de recursos em estoques. Atualmente, salvo em situações muito particulares, a ordem do dia deve ser sempre operar com o mínimo indispensável para o atendimento da demanda. A facilidade para administrar os estoques está intimamente relacionada à qualidade dos controles internos utilizados nessa área. O investimento em controles confiáveis pode proporcionar um retorno incalculável.

5.6 A importância das contas a receber

Assim como a conta *Estoques*, a conta *Clientes*, ou *Duplicatas a Receber*, ou simplesmente *Contas a Receber*, tem enorme importância para a administração financeira. Dos ativos que compõem o capital de giro, há grande representatividade dos valores que a empresa tem a receber por conta de suas operações de venda (mercadorias, produtos ou serviços).

Além da óbvia importância do planejamento adequado da política de prazos, tanto de recebimento quanto de pagamento, assunto que veremos com mais detalhes na sequência deste capítulo, há outros aspectos relacionados ao ativo *Contas a Receber* que merecem atenção dos gestores. Como o objetivo primordial será sempre a transformação dos recursos alocados nessa conta em **caixa**, é preciso que a empresa adote uma política adequada de **crédito** e **cobrança**, fundamentada em critérios objetivos e em controles permanentes.

Figura 5.3 – Política de crédito e cobrança

Muitas empresas não dão a devida atenção a esses controles, desprezando variáveis essenciais ao equilíbrio financeiro. O funcionamento desajustado dessa engrenagem repercute, quase sempre, em problemas financeiros de curto prazo. No longo prazo, pode até mesmo comprometer a continuidade do negócio.

5.6.1 Política de crédito

Ao estabelecer uma política de crédito, o gestor financeiro deve definir critérios diferenciados para os clientes novos e antigos. A concessão de crédito para um cliente novo deve ser amparada pelo maior número possível de informações, que podem ser obtidas de variadas fontes. As três principais são apresentadas na sequência.

1. **Serviços de proteção ao crédito** – Há várias organizações no mercado que prestam esse serviço de assessoria. Com o avanço dos processos informatizados, essa fonte de informação passou a ter uma importância muito grande para as empresas. A um custo reduzido, é possível obter informações essenciais da empresa que pleiteia o crédito, como a data de fundação, informações a respeito dos sócios, o endereço, as pendências financeiras e o histórico de pagamentos com outros fornecedores. Como no Brasil, infelizmente, é alta a taxa de insucesso dos novos empreendimentos, a data de fundação é algo relevante para

a concessão do crédito: nos primeiros meses de operação, é prudente acompanhar de perto a evolução do novo cliente.

As informações fornecidas pelos serviços de proteção ao crédito em geral também disponibilizam o nome das últimas empresas que realizaram consultas relativas ao Cadastro Nacional de Pessoa Jurídica (CNPJ) que está sendo analisado. É importante observar, nesses casos, se não são agentes financeiros (bancos e empresas de fomento mercantil). Esse não é, obviamente, um fator impeditivo, mas pode representar uma "luz amarela" para o investidor em potencial. Se há um acúmulo de consultas realizadas por agentes financeiros, é sinal de que a empresa está buscando capital de giro em vários lugares.

2. **Relatórios contábeis** – A observação dos relatórios contábeis (como o Balanço Patrimonial, a Demonstração do Resultado do Exercício e a Demonstração dos Fluxos de Caixa) pode trazer contribuições preciosas para a análise de crédito, tais como capacidade de pagamento, estrutura de capitais e situação patrimonial. Contudo, é preciso estar atento à fidedignidade dessas demonstrações. Às vezes podem não ter sido elaboradas de acordo com as boas técnicas contábeis e, assim, nem sempre conseguem representar com fidelidade a realidade da empresa.

3. **Informações fornecidas pelo mercado** – Trata-se de uma prática relativamente comum o fornecimento de informações comerciais pelo mercado. Esse procedimento baseia-se num interesse de preservação mútua e também é uma fonte importante por revelar o histórico do postulante ao crédito com empresas com as quais ele já mantém relacionamento comercial.

É importante percebermos que a decisão de crédito sempre envolve riscos. Há critérios objetivos que podem ser utilizados, como a existência ou não de pendências financeiras registradas pelos serviços de proteção ao crédito; no entanto, a maioria das fontes fornecem informações que exigem uma análise de caráter subjetivo. Uma decisão acertada, nesse sentido, depende muito da experiência e do bom senso do administrador financeiro.

Há variáveis a serem investigadas, sobre as quais nem sempre se dispõe de dados muito precisos, que são igualmente importantes. Como exemplo, podemos citar a posição do cliente no contexto analisado. Deve-se sempre considerar, em termos relativos, qual é a participação da empresa como fornecedora no passivo total do cliente analisado, ou seja, o quanto representa para ele, do total de suas dívidas, o valor que lhe será concedido de crédito. O inverso também deve ser observado: qual é a representatividade desse cliente para a empresa.

O mesmo cuidado que se deve ter para a abertura de crédito é preciso dedicar ao monitoramento dos clientes ativos. Ampliações de limite devem sempre ser precedidas de reavaliações, que podem ser realizadas por meio de critérios semelhantes aos utilizados para os clientes novos. Na agitação do dia a dia, pequenos deslizes são cometidos, como a concessão automática de crédito a clientes que ficaram algum tempo sem comprar e que retornaram quando tiveram o seu crédito bloqueado com outros fornecedores, em virtude de inadimplência. Para evitar esse tipo de situação, é imprescindível ter um sistema com parâmetros bem definidos, que atente para tais situações de risco.

Em síntese, quando o assunto é crédito, é preciso agir com cautela. São muitas as variáveis envolvidas e não é pequeno o grau de subjetividade presente nas decisões.

5.6.2 Política de cobrança

A existência de uma política de cobrança permanente também contribui para a preservação dos ativos alocados em Contas a Receber.

Entre empresas que passam por dificuldades financeiras ou que caminham para um processo de falência, é muito comum (ao menos até o momento em que isso já não é mais possível) a preservação do relacionamento com alguns fornecedores. Elas agem assim para evitar o desabastecimento completo e a consequente interrupção do fluxo operacional. Por isso, é preciso manter um procedimento permanente e ostensivo de cobrança, com ações ininterruptas e diárias; quanto mais cedo forem tomadas iniciativas de recuperação de crédito, maiores serão as chances de recuperação desses ativos.

No âmbito da cobrança, vale a máxima da insistência: "quem não é visto não é lembrado". É muito importante, também, que a empresa se associe a um serviço de proteção ao crédito, uma forma eficiente e barata de pressionar os devedores e de cuidar para que eles não causem prejuízos financeiros a outras empresas. Geralmente, os apontamentos de pendência financeira são realizados por meio eletrônico ou pela internet, o que agiliza os processos e economiza os recursos. O protesto em cartório, por outro lado, além de ser mais burocrático, é muito mais caro.

5.7 Compatibilizando prazos: o ciclo operacional

Ao analisarmos com mais detalhe as contas *Estoques* e *Contas a Receber*, deve ter ficado claro para você que, depois das disponibilidades (Caixa, Banco e Aplicações Financeiras de Curto Prazo), são essas as contas mais importantes do Ativo Circulante.

No entanto, o balanço não é composto somente de valores a receber. Para administrar com eficiência o capital de giro, é preciso dar atenção também aos passivos de curto prazo, tais como Fornecedores, Salários a Pagar, Encargos Sociais e Impostos.

A administração das contas que apresentam data fixa para pagamento, cujos valores são mais previsíveis, pois estão vinculados às despesas operacionais e ao faturamento da empresa, não exige muito esforço de raciocínio do administrador financeiro. A dificuldade maior está na administração dos compromissos com **fornecedores**, que representam a principal conta do Passivo Circulante: são eles que financiam boa parte da atividade operacional da empresa. Por esse motivo, é um excelente negócio conseguir prazos mais longos, sem comprometer o relacionamento, sem ônus financeiro ou com ônus inferior a outras opções de financiamento.

As **contas a receber** podem ser uma fonte de financiamento, por meio do desconto de duplicatas. Entretanto, essa fonte costuma ser cara: além dos juros elevados, os bancos e outros operadores financeiros costumam cobrar taxas administrativas. O mais prudente, para evitar financiamentos que imponham custos financeiros, é administrar bem os prazos de recebimento, de giro dos estoques e de pagamento, tentando-se sempre financiar as operações próprias com capitais de terceiros que não impliquem pagamento de ônus financeiro.

O tempo que a empresa leva, em média, para girar seus estoques, somado ao período médio de recebimento das duplicatas, não pode exceder ao prazo concedido pelos fornecedores.

Em administração financeira, o período decorrido entre a compra da mercadoria (ou matéria-prima), passando pela venda até chegar, finalmente, ao recebimento da duplicata é denominado *ciclo operacional*.

Figura 5.4 – Ciclo operacional

Nesse sentido, o administrador financeiro deve sempre tentar compatibilizar o **ciclo operacional** com o **prazo médio de pagamento (PMP)** concedido pelos fornecedores. Na prática, obviamente, isso nem sempre é possível. No entanto, é preciso existir sempre uma meta de aproximação, pois, quando ocorre o descompasso entre o ciclo operacional e o PMP dos fornecedores, a diferença é bancada pela empresa.

Na Figura 5.5, você pode visualizar esse caso. Ela retrata uma situação de descompasso, em que a soma do período médio de giro dos estoques (15 dias) e do prazo médio de recebimento (28 dias) é superior ao prazo de pagamento dos fornecedores (30 dias). Nesse caso, as vendas estariam sendo financiadas com recursos próprios por 13 dias: [(15 + 28) – 30].

Figura 5.5 – Descompasso do ciclo operacional

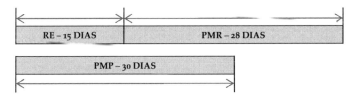

Na maioria dos casos, as empresas dispõem de controles gerenciais que auxiliam o gestor financeiro a administrar e compatibilizar tais prazos. Calculá-los com base nas demonstrações financeiras (BP e DRE), porém, é uma tarefa bem simples. Você vai aprender a fazer isso na sequência.

5.8 Posicionamento de atividade

Por meio da análise de apenas dois relatórios contábeis (BP e DRE) e da aplicação de algumas fórmulas bem simples, é possível medir o grau de eficiência da empresa na administração de seus prazos de recebimento, de pagamento e de giro dos estoques. Para realizar esses cálculos, é preciso tomar como base dois balanços sucessivos, de onde se extraem as seguintes informações:

- prazo médio de duplicatas a receber, calculado por meio do saldo médio da conta *Clientes*;

- prazo médio de *Fornecedores*, por meio do saldo médio dessa conta; e

- média dos *Estoques*, utilizando-se o saldo médio da conta *Estoques*.

O CMV pode ser extraído da DRE, tomando-se sempre o cuidado de utilizar o valor correspondente ao do último período, ou seja, se estamos trabalhando com balanços de março e abril, devemos utilizar o CMV de abril. Também utilizaremos o valor das compras do período. Se não dispusermos dessa informação em algum relatório gerencial, podemos calculá-la. Veja no Capítulo 4 mais detalhes sobre como proceder nesse caso.

Na sequência, temos um resumo das fórmulas que serão utilizadas.

PMR = Prazo Médio de Recebimento

PMP = Prazo Médio de Pagamento

RE = Rotação dos Estoques

PMR:	(Média de Duplicatas a Receber x 30 dias)
	Custo das Mercadorias Vendidas

PMP:	(Média de Fornecedores a Pagar x 30 dias)
	Compras do Exercício

As compras podem ser calculadas por meio da fórmula:

$$C = CMV - EI + EF \; [1]$$

[1] Ver capítulo 4.

PMP:	(Média dos Estoques x 30 dias)
	Custo das Mercadorias Vendidas

Após aplicar essas fórmulas, é possível finalmente calcular o **posicionamento de atividade (PA)**, que nada mais é do que o quociente entre o ciclo operacional (PMR + RE) e o PMP. Veja a fórmula:

PA:	RE + PMR
	PMP

O posicionamento de atividade ideal deve, sempre que possível, ser igual ou inferior a 1 (um). Quando esse índice apresenta resultado superior, certamente há problemas na compatibilização dos prazos, o que significa que a empresa tem problemas no giro de estoques ou não está conseguindo negociar adequadamente os seus prazos de recebimento e pagamento. A princípio, isso parece um pouco complicado, mas na prática é bastante simples. Veja um exemplo no exercício resolvido a seguir.

EXERCÍCIO RESOLVIDO

Com base nas informações extraídas do BP e da DRE da empresa Alimentos S/A, calcule:

- A rotação dos estoques (RE);
- O prazo médio de recebimento das duplicatas (PMR);
- O prazo médio de pagamento dos fornecedores (PMP);
- O posicionamento de atividade (PA).

Dados extraídos do BP e da DRE (em reais)

Conta	Março	Abril
Clientes	180.000,00	150.000,00
Estoques	96.000,00	117.000,00
Fornecedores	164.000,00	114.000,00
Compras	-	113.000,00
CMV	-	131.000,00

Resposta:

Antes de apresentar os cálculos, é importante lembrar que estamos trabalhando com balanços mensais, por isso as médias são multiplicadas por 30.

RE = (média de estoques . 30 dias) / custo das mercadorias vendidas

RE = {[(96.000 + 117.000)/2] . 30} / 131.000

RE = 24,39 ou 24 dias

PMR = (média de duplicatas a receber . 30 dias) / custo das mercadorias vendidas

PMR = {[(180.000 + 150.000)/2] . 30} / 131.000

PMR = 37,37 ou 37 dias

PMP = (média de fornecedores a pagar . 30 dias) / compras do exercício

PMP = {[(164.000 + 114.000)/2] . 30} / 113.000

PMP = 36,90 ou 37 dias

Com base nos resultados encontrados, podemos concluir que o ciclo operacional da empresa Alimentos S/A é superior ao prazo concedido por seus fornecedores para o pagamento das duplicas. Veja:

Ciclo Operacional = RE + PMR

Ciclo Operacional = 24 + 37 = 61 dias

PMP = 37 dias

Como consequência, temos um posicionamento de atividade bem superior a 1 (um), o que indica problemas na compatibilização de prazos:

PA = (RE + PMR) / PMP

PA = (24 + 37) / 37

PA = 1,6

Veja na figura:

RE – 24 dias	PMR – 37 dias	
PMP – 36 dias		24 dias

Nesse caso, a empresa poderia agir em três frentes:

- tentar acelerar o giro de seus estoques;
- reduzir os prazos concedidos aos seus clientes; e
- ampliar os prazos de pagamento com os seus fornecedores.

5.9 Prazos médios para o cálculo da necessidade de capital de giro

No Capítulo 4, vimos que a necessidade de capital de giro pode ser estimada com boa margem de acerto por meio dos fluxos de caixa projetados. Há, no entanto, outras formas de se fazer essa estimativa. A utilização dos prazos médios de recebimento nesse cálculo, embora menos precisa, pode dar uma ideia superficial ao administrador financeiro quanto às suas necessidades futuras de capital.

O cálculo é relativamente simples:

$$NCG = VD \times CF$$

Em que:

NCG = Necessidade de Capital de Giro.
VD = Vendas Diárias.
CF = Ciclo Financeiro.

$$CF = CO - PMP$$

Em que:

CO = Ciclo Operacional.
PMP = Prazo Médio de Pagamento.

Se tomarmos como base os dados do exercício resolvido e considerarmos uma projeção de vendas diárias de R$ 1.200,00, teremos:

CF = CO – PMP

CF = (24 + 37) – 37

CF = 24 dias

NCG = 1200 . 24

NCG = 28.800

Esses cálculos apenas corroboram a tese que já desenvolvemos ao longo do capítulo: o controle criterioso de contas-chave do Ativo Circulante e do Passivo Circulante, como as contas *Estoques, Clientes* e *Fornecedores,* é essencial à boa administração do capital de giro.

É importante lembrar, mais uma vez, que os financiamentos de fornecedores não implicam custos financeiros diretos para a empresa, por isso devem ser estimulados, desde que isso não comprometa a reputação da empresa e não onere as aquisições em um patamar superior ao custo de capital oferecido pelo mercado.

Os cálculos estimativos que apresentamos são úteis, sobretudo, para os analistas externos, que não dispõem de informações tão completas sobre a empresa. No entanto, nada substitui os controles internos, muito mais precisos e detalhados. Sem um bom fluxo de caixa projetado não há como saber, por exemplo, se determinada insuficiência ou sobra de caixa é um fenômeno eventual ou permanente.

Isso parece não ter tanta importância, mas até empresas de grande porte, com estrutura de capitais equilibrada, podem quebrar por má administração de seus recursos circulantes. Saber quanto há disponível – e por quanto tempo – é uma obrigação do bom administrador financeiro. A projeção de caixa insuficiente leva a iniciativas mais ponderadas de captação de recursos. A projeção de sobras suscita, de igual maneira, a reflexão antecipada de melhores opções de investimento. Nesse sentido, há muitas opções de investimento que devem ser consideradas, tais como:

- negociação mais vantajosa com fornecedores, justificada por prazos de pagamento menores;
- pagamento antecipado com desconto de títulos já provisionados no passivo;

- investimento em tecnologia e treinamento;
- investimento em novos equipamentos;
- investimento em outras empresas ou novas unidades de negócio.

Enfim, em qualquer situação, é preciso tomar decisões amparadas em controles fidedignos. **A competição acirrada dos novos mercados condena a um insucesso rápido aqueles que desprezam a importância do bom planejamento financeiro.**

Síntese

Neste capítulo, você aprendeu que a boa administração do capital de giro depende do controle permanente dos ativos e passivos de curto prazo; compreendeu o significado do conceito de Capital de Giro Líquido; e observou, na prática, como se calculam os prazos médios necessários à definição do posicionamento de atividade, índice que mede a eficiência da empresa na gestão conjunta de seus estoques e de seus valores a receber e a pagar. No plano teórico, essas questões não são complicadas; administrá-las no dia a dia das empresas, porém, não é uma tarefa fácil. Para evitar o desperdício de dinheiro, é preciso criar mecanismos permanentes de controle dos ativos mais importantes (sobretudo dos estoques), que muitas vezes acabam escondendo resultados que não se transformarão nunca em caixa e que contribuem para análises equivocadas dos relatórios financeiros.

Questões para revisão

1. Conceitue capital de giro e Capital de Giro Líquido (CGL).

2. Quais são as medidas mais importantes a serem tomadas para evitar que os estoques se transformem em uma fonte de desperdício de recursos financeiros?

3. Sobre o CGL, é correto afirmar:

a) É possível calcular o CGL extraindo informações do Patrimônio Líquido, que é um dos subgrupos do Balanço Patrimonial.

b) Capital de Giro Líquido e Capital Circulante Negativo são expressões equivalentes.

c) Ele pode ser calculado por meio da seguinte fórmula: CGL = AC − PC.

d) Não existe CGL negativo.

4. Com base nos conceitos teóricos estudados e nos dados apresentados no quadro a seguir, assinale (V) para as afirmativas verdadeiras e (F) para as falsas e, em seguida, marque a alternativa que apresenta a sequência correta:

Dados extraídos do BP e da DRE (em reais)		
Conta	Março	Abril
Clientes	179.000,00	151.200,00
Estoques	97.000,00	118.000,00
Fornecedores	155.000,00	124.000,00
Compras	-	118.000,00
CMV	-	132.000,00

( ) O prazo médio de rotação dos estoque é superior a 70 dias.

( ) Não é possível calcular o prazo médio de rotação dos estoques com os dados disponíveis.

( ) O prazo médio de recebimento é de 38 dias.

( ) O prazo médio de pagamento é de 38 dias.

( ) O índice de posicionamento de atividade é de 2,48.

( ) A obtenção de um índice de posicionamento de atividade inferior a 1 (um) indica que a empresa está administrando bem os seus prazos de pagamento, de recebimento e de giro dos estoques.

a) F – V – V – V – F – F

b) F – F – V – F – V – V

c) V – F – V – F – F – V

d) F – V – V – F – V – V

5. A empresa Brinquedos S/A encerrou o mês de novembro com um saldo de R$ 94.000,00 na conta *Estoques*. Ao término do ano, o saldo apurado na mesma conta foi de R$ 114.000,00. No mês de dezembro, o Custo da Mercadoria Vendida (CMV) foi de R$ 137.000,00. Com base nesses dados, qual é a rotação de estoques do período?

a) 23 dias.

b) 40 dias.

c) 37 dias.

d) 21 dias.

Para saber mais

Para aprofundar seus conhecimentos sobre índices e indicadores utilizados pela administração financeira, consulte:

CRUZ, J. A. W.; ANDRICH, E. G.; MUGNAINI, A. **Análise das demonstrações financeiras**: teoria e prática. 3. ed. Curitiba: Juruá, 2012.

6

Elementos de análise
de investimentos

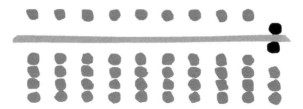

Conteúdos do capítulo

- Contexto geral da análise de investimentos.
- Método do Valor Presente Líquido (VPL).
- Método da Taxa Interna de Retorno (TIR).
- Método do Período de Retorno do Capital (*Payback*).

Após o estudo deste capítulo, você será capaz de:

1. avaliar a viabilidade de diferentes projetos de investimentos por meio de parâmetros como:
   - o retorno de capital obtido por meio do desconto dos fluxos de caixa projetados (VPL);
   - a taxa de retorno que iguala os fluxos projetados ao valor investido (TIR);
   - o período necessário para que o investimento seja recuperado (*Payback*).

6.1 Contexto geral

Nos capítulos anteriores, vimos que não são poucas nem simples as atribuições do administrador financeiro. Além do monitoramento permanente de todas as operações que impactam o capital de giro da empresa, esse profissional ainda é corresponsável pelas decisões de investimento, que podem estar relacionadas:

- às aquisições de imobilizado (máquinas, equipamentos, veículos, imóveis etc.);

- aos investimentos em novos produtos;

- aos investimentos em novas unidades de negócio;

- aos investimentos em outras empresas;

- aos investimentos em aplicações financeiras, entre outros.

Os investimentos diferem das aplicações em usos correntes porque geralmente envolvem a imobilização, por longos períodos, de recursos em ativos reais de pouca ou nenhuma liquidez (Souza; Clemente, 2008), que, apesar disso, são essenciais para a geração de receitas.

Imagine, por exemplo, a importância, para uma empresa industrial, dos investimentos realizados em máquinas modernas para a produção. **Em mercados competitivos, a atualização tecnológica é um fator de sobrevivência.** Ela reduz custos de produção, contribui para a economia de mão de obra, evita o desperdício de energia e garante o aprimoramento técnico dos produtos.

No entanto, apesar de imprescindíveis, os investimentos sempre envolvem riscos. Em qualquer situação, há sempre um número elevado de variáveis internas e externas que podem comprometer as decisões de investimento. **Risco e retorno são sempre variáveis subjetivas.** Uma iniciativa de investimento pode representar um risco elevado para determinada empresa, dependendo da sua posição no mercado, do volume de dinheiro que pretende investir e da representatividade desses recursos na sua estrutura de capitais. Para outra instituição, entretanto, o mesmo investimento pode representar um risco bem menor. O mesmo ocorre com o retorno: pode ser que um retorno líquido de 2%, por exemplo, seja atrativo para uma organização que comercializa combustíveis; mas ele certamente não o será para outra que atua no ramo de serviços, em que as margens de lucro costumam ser maiores.

Enfim, em qualquer contexto, o importante é saber que o risco é sempre inversamente proporcional à quantidade e à qualidade das informações de que dispõe o analista financeiro, ou seja, quanto mais informações ele tiver, menor será o seu risco.

Com o objetivo de contribuir para que você tome decisões menos arriscadas na sua vida pessoal e profissional – ou que, pelo menos, o faça de forma mais consciente –, este capítulo apresentará os principais métodos de análise de investimento utilizados pelo mercado, demonstrando que as interpretações financeiras podem ser sempre realizadas por meio de três perspectivas:

1. a do lucro contábil ou financeiro gerado pelo projeto;

2. a do seu tempo de retorno; e

3. a da sua taxa de retorno.

6.2 O valor do dinheiro no tempo e o custo de oportunidade

A decisão por projetos de investimento deve sempre ser precedida por um estudo de viabilidade econômica e financeira. Independentemente da origem do capital investido, se próprio ou de terceiros, a aceitação de qualquer projeto pressupõe sempre uma remuneração mínima dos capitais investidos. Afinal, não faz nenhum sentido a imobilização de recursos em ativos que não geram riqueza.

A viabilidade econômica pode ser medida pelos resultados averiguados pela contabilidade. Todos os fatos contábeis são apurados pelo regime de competência, ou seja, receitas e despesas são sempre registradas no período em que ocorrem, independentemente de terem sido efetivamente recebidas ou pagas. **A viabilidade financeira, ao contrário, é medida pelo regime de caixa.**

É claro que os regimes de caixa e de competência estão inter-relacionados. Os resultados econômicos apurados pela contabilidade acabam sempre se transformando em caixa. De qualquer forma, é preciso sempre tomar cuidado com os ajustes que cada tipo de análise exige. Se o que se busca são os retornos financeiros, não faz sentido, por exemplo, a projeção de custos com depreciação, que não representam saída de caixa. No entanto, se a empresa estudada está enquadrada no Lucro Real e, portanto, paga Imposto de Renda Pessoa Jurídica (IRPJ) e Contribuição Social sobre o Lucro Líquido (CSLL) sobre o resultado apurado, essas despesas são importantes, pois reduzirão o lucro tributável e, consequentemente, o valor dos impostos a serem pagos no final do exercício. Nesse caso, elas devem ser computadas para a definição correta da base de cálculo do IRPJ e da CSLL.

Qualquer que seja o tipo de análise, o que importa é verificar se os retornos obtidos, sejam eles financeiros, sejam econômicos, são superiores aos investimentos realizados. Isso seria fácil de ser verificado se vivêssemos numa situação ideal de inflação zero; bastaria, então, um cálculo algébrico simples, envolvendo as operações fundamentais de soma e subtração e, assim, chegaríamos ao veredito.

A realidade, contudo, é bem mais complexa. Cenários de incerteza dificultam a realização de cálculos e projeções. E, além dos aspectos imponderáveis, o administrador financeiro tem sempre de lidar com um fator importante e inevitável: **o valor do dinheiro no tempo**.

Qualquer ganho futuro, para ser comparado com um investimento realizado no presente, deve ser decomposto por meio da aplicação de determinada taxa de desconto. Não há como fugir disso; não podemos pagar fornecedores, salários, encargos e impostos com títulos de crédito. Se não dispomos de caixa para utilização imediata, somos obrigados a recorrer ao mercado, que cobra sempre o preço da disponibilidade. Nesse sentido, se realizamos investimentos com perspectiva de retorno futuro, devemos "trazê-los" sempre para o tempo atual.

Esse raciocínio é válido para as circunstâncias em que os investimentos são realizados com recursos próprios e, principalmente, para aquelas em que esses investimentos são financiados com capitais de terceiros.

Quando o capital é próprio, o fator balizador é o custo de oportunidade, que pode ser definido como a rentabilidade do investimento alternativo, ou seja, é o que se deixa de ganhar ao se optar por investir no projeto "A" em detrimento do projeto "B". O investimento alternativo pode ser uma aplicação financeira, outro modelo de produto ou de projeto, ou qualquer outro tipo de aplicação. **Quando o capital é de terceiros,** o parâmetro a ser utilizado é o da taxa de juros a ser paga por conta do empréstimo realizado.

Enfim, não há um critério único e objetivo para a definição da taxa mínima de remuneração dos capitais investidos: empresas pequenas geralmente se orientam pelo mercado externo; empresas que se autofinanciam normalmente estabelecem taxas próprias. O importante é que exista um parâmetro de análise.

6.3 Taxa Mínima de Atratividade (TMA)

Estudos de viabilidade financeira são realizados (ou, pelo menos, deveriam ser) com uma frequência bem maior do que as pessoas imaginam. Não são apenas os grandes investimentos em ativos fixos que exigem análises dessa natureza. Decisões simples, do cotidiano, como a opção por realizar uma compra à vista ou a prazo, deveriam sempre ser precedidas desse tipo de análise. Quando a operação envolve prazos, não podemos desprezar o valor do dinheiro no tempo.

A remuneração mínima dos capitais investidos, discutida na seção anterior, é normalmente chamada nos livros de finanças de *Taxa Mínima de Atratividade (TMA).*

> **TAXA MÍNIMA DE ATRATIVIDADE (TMA)**
>
> É a taxa utilizada para descontar os fluxos de caixa projetados, trazendo-os aos valores presentes.

Para um investimento ser considerado atrativo, é necessário que o retorno obtido seja superior ao investimento realizado. **Mas como se calcula o retorno?** Ele é calculado por meio do desconto dos fluxos projetados mediante a aplicação de uma TMA. O desconto dos fluxos é necessário pois investimento e retorno são sempre comparados no tempo zero.

Finalmente, se a análise revela que o nosso retorno foi superior ao investimento realizado, temos um motivo para comemorar: nosso projeto gerou riqueza para a empresa! Em linguagem financeira, essa riqueza também é chamada de *valor residual*.

> ## PERGUNTAS & RESPOSTAS
>
> Em linguagem financeira, qual é o significado do termo *custo de oportunidade*?
>
> O custo de oportunidade representa o ônus que todo investimento possui de forma inerente. Sempre que fazemos uma escolha de investimento, estamos abrindo mão de outra, que poderia ser mais ou menos rentável. Quando investimos em uma empresa, por exemplo, comprometemos recursos que poderiam ser aplicados no mercado financeiro. Nesse caso, o custo de oportunidade seria representado pela remuneração que seria paga se esse dinheiro tivesse sido destinado a outro tipo de aplicação.

6.4 Valor Presente Líquido (VPL)

Na seção anterior, vimos que, para um projeto ou investimento ser considerado viável, o retorno obtido por meio da aplicação de determinada taxa de desconto deve, no mínimo, ser superior ao rendimento de uma aplicação de baixo risco. Isso se os capitais investidos forem próprios; se forem de terceiros, esse retorno deverá cobrir minimamente o custo de capital.

Há diversas técnicas de análise de investimento que podem ser utilizadas para medir a viabilidade de um investimento. Entre elas, a mais utilizada e difundida é a do **Valor Presente Líquido (VPL)**.

Essa técnica consiste, basicamente, em descontar um fluxo de caixa esperado, trazendo todos os valores ao tempo presente. Para entender melhor esse conceito, observe a Figura 6.1.

Figura 6.1 – Fluxo de caixa projetado (R$)

Para descobrirmos o VPL nesse fluxo, teríamos de, numa primeira etapa, trazer os recursos recebidos nos três períodos (320, 550 e 400) ao tempo zero; para isso, aplicaríamos determinada taxa de desconto (ou TMA). Numa segunda etapa, teríamos de diminuir do resultado obtido o investimento realizado (1.000). Essa operação nos levaria a um valor positivo ou negativo, que seria interpretado da seguinte maneira:

VPL positivo = Investimento viável

VPL negativo = Investimento inviável

O cálculo financeiro de desconto dos fluxos projetados pode ser realizado por meio de uma fórmula matemática, em planilhas eletrônicas (como as do programa Microsoft Excel®) ou com o auxílio de uma calculadora financeira. Optamos aqui por exemplificá-lo utilizando este último recurso, uma vez que ele é habitual entre os profissionais de finanças.

Para facilitar, vamos utilizar os números da Figura 6.1. Temos, então, um investimento inicial de R$1.000,00 que será recuperado em três períodos a uma taxa mínima de 3%:

- Período 1 = 320.
- Período 2 = 550.
- Período 3 = 400.

Figura 6.2 – Cálculo do VPL na HP 12C

1.000	CHS	a g	CFo b
	320	g	CFj
	550	g	CFj c
	400	g	CFj
3	d i	e f	f NPV = 195,16

- O primeiro dado digitado é o investimento inicial, no valor de R$1.000,00.

Importante: a tecla CHS negativa o valor. Isso é necessário, pois se trata de um desembolso, ou seja, de uma saída de caixa.

- Em seguida, inserimos os fluxos esperados, na ordem em que aparecem (R$320,00, R$550,00 e R$400,00).
- Para finalizar, aplicamos a taxa de desconto. No exemplo, vamos utilizar a taxa de 3%.
- Depois de inserirmos os dados, obtemos finalmente o VPL de R$195,16.
- Esse valor indica que vamos recuperar o investimento inicial (de R$ 1.000,00) e, além disso, obter um retorno adicional de R$ 195,16. Logo, nosso projeto é viável.

EXERCÍCIO RESOLVIDO

Com base nos dados a seguir, calcule o VPL:

- Investimento: R$8.000,00.
- Tempo de retorno: 4 meses.
- Taxa de desconto: 2%.
- Fluxos de retorno sequenciais: R$2.100,00, R$2.200,00, R$2.000,00 e R$2.200,00.

Resposta:

8.000	CHS	g	CFo
2.100	g	CFj	
2.200	g	CFj	
2.000	g	CFj	
2.200	g	CFj	
2	i	f	NPV
		VPL	**90,50**

Interpretação: os cálculos efetuados indicam que o capital investido (de R$8.000,00) foi recuperado, com um ganho adicional de R$ 90,50, ou seja, o desconto do fluxo projetado para valores atuais totalizou R$8.090,50.

6.5 Taxa Interna de Retorno (TIR)

No método do VPL, trabalhamos com valores, isto é, trazemos os fluxos projetados ao tempo presente, comparando o resultado obtido com o investimento realizado. Já no método da **Taxa Interna de Retorno (TIR)**, em vez de calcularmos os valores descontados, buscamos a taxa de desconto que iguala os fluxos ao valor inicialmente investido.

Observe novamente a Figura 6.1. Fazendo uso da **TIR**, o objetivo é descobrirmos qual é a taxa que, se aplicada aos fluxos projetados (320, 550 e 400), faria com que a soma desses valores, no tempo presente, fosse igual a 1.000 (investimento inicial). O resultado obtido deve ser avaliado da seguinte maneira:

> **TIR maior ou igual à TMA = Investimento viável**
>
> **TIR menor ou igual à TMA = Investimento inviável**

É importante lembrarmos que estamos taxativamente condenando o investimento analisado como viável ou inviável, tanto no caso do VPL quanto no da TIR, porque não dispomos de outras variáveis, a não ser os números utilizados na Figura 6.1. Na prática, é possível que fatores imponderáveis alterem a decisão do investidor. Por exemplo, uma empresa pode optar por fazer um investimento não rentável que, contudo, melhora a sua imagem no mercado. **A TIR é muito útil para análises que envolvem vários projetos.** Nesse caso, entre as opções disponíveis, o investidor deve optar sempre pela TIR mais elevada.

Assim como o VPL, a TIR também pode ser calculada por meio de uma fórmula matemática e em planilhas eletrônicas. Para exemplificarmos o processo de cálculo desse método, no entanto, optamos também pela utilização de uma calculadora financeira. Assim como fizemos na seção anterior, ilustramos o cálculo apresentando o painel da HP 12C, que é o modelo mais utilizado pelos profissionais de finanças.

Para facilitar a comparação entre os métodos, vamos utilizar o fluxo que já serviu de exemplo para o cálculo do VPL (Figura 6.1).

Temos, então, um investimento inicial de R$1.000,00, que será recuperado em três períodos:

- Período 1 = 320.
- Período 2 = 550.
- Período 3 = 400.

Figura 6.3 – Cálculo da TIR na HP 12C

1.000	CHS	a q	CFo b
	320	g	CFj
	550	g	CFj c
	400	g	CFj
		d f	IRR = 12,50%

- O primeiro dado digitado é o investimento inicial, no valor de R$1.000,00.

Importante: a tecla CHS negativa o valor. Isso é necessário, pois se trata de um desembolso, ou seja, de uma saída de caixa.

- Em seguida, inserimos os fluxos esperados, na ordem em que aparecem (320, 550 e 400).
- Para obtermos a TIR, digitamos "f" seguido de "IRR".
- Depois de inserirmos os dados, obtemos finalmente a TIR de 12,50%.
- Esse resultado indica que o nosso projeto é viável, ou atrativo, pois sua taxa de retorno, de 12,50%, é bem superior à TMA, de 3% (ver seção anterior).

EXERCÍCIO RESOLVIDO

Com base nos dados a seguir, calcule a TIR:

Investimento: R$8.000,00.

Tempo de retorno: 4 meses.

Fluxos de retorno sequenciais: R$2.100,00, R$2.200,00, R$2.000,00 e R$2.200,00.

Resposta:

8.000	CHS	g	CF0
2.100	g	CFj	
2.200	g	CFj	
2.000	g	CFj	
2.200	g	CFj	
	f	IRR	
	TIR	**2,46%**	

Interpretação: os cálculos efetuados indicam que a TIR para zerar o investimento realizado é de 2,46%.

6.6 Período de Retorno do Capital (*Payback*)

Seja qual for o método utilizado, as decisões financeiras são embasadas sempre em quatro variáveis:

1. **o valor do investimento**: este é o dado mais objetivo – sobretudo quando todo o dinheiro é injetado de uma única vez, na fase inicial do projeto ou no momento de aquisição do bem;
2. os **fluxos de entrada**, que são projeções;
3. o **tempo de retorno**, também projetado; e
4. o **custo do dinheiro no tempo**, que também pode ser considerado uma variável mais objetiva, pois está relacionado ao custo do capital investido ou a um custo de oportunidade definido pela empresa.

Nas seções anteriores, aprendemos que os fluxos podem ser descontados e comparados ao investimento inicial. Também vimos que é possível descobrir a taxa de retorno dessas projeções.

Agora, com base nos conhecimentos que já adquirimos, vamos aprender que é possível calcular, também, o tempo necessário para que determinado investimento seja recuperado. O método utilizado para determinar o período necessário à recuperação de um investimento é chamado de *Payback*.

Utilizando conceitos do VPL, o método do **Período de Retorno do Capital (*Payback*)** permite que o analista descubra qual é o tempo necessário (em dias, meses ou anos) para que os fluxos projetados, descontados a determinada taxa, superem o valor inicialmente aplicado.

Para entender melhor esse método, vamos utilizar o mesmo fluxo que serviu de exemplo para a apresentação do VPL e da TIR (Figura 6.1):

- Investimento inicial: R$1.000,00.

Retornos:

- Período 1: 320.
- Período 2: 550.
- Período 3: 400.

O primeiro passo é descontar os fluxos projetados, trazendo-os a valores presentes. Quando calculamos o VPL, fizemos isso numa única operação. Agora, vamos descontar o valor de cada período individualmente. Veja como fazer o cálculo na HP 12C.

Figura 6.4 – Cálculo do valor presente na HP 12C

Período 1			Período 2			Período 3		
320	CHS	FV	550	CHS	FV	400	CHS	FV
0	PMT		0	PMT		0	PMT	
3	i		3	i		3	i	
1	n		2	n		3	n	
PV = 310,68			PV = 518,43			PV = 366,06		

Realizada essa primeira etapa, podemos lançar numa tabela os valores encontrados (em reais):

Período	Fluxo futuro	Valor atual	Saldo inicial	Amortização	Saldo final
Mês 1	320,00	310,68	1.000,00	310,68	689,32
Mês 2	550,00	518,43	689,32	518,43	170,89
Mês 3	400,00	366,06	170,89	366,06	-195,17

A simples observação da tabela já nos revela que o investimento será recuperado no terceiro mês. Como encerramos o segundo mês com um saldo a recuperar de R\$170,89 e, ao longo do terceiro mês, obtivemos um retorno bem superior a esse valor, podemos afirmar que o investimento inicial foi plenamente recuperado antes do término do nosso fluxo. Se as entradas diárias fossem constantes, poderíamos até calcular o dia exato em que isso ocorreu. Para isso, bastaria calcular a representatividade do saldo final do segundo mês pelo montante obtido no terceiro mês. Veja:

$$(170,89 / 366,06) . 100 = 46,68\%$$

Esse resultado indica que precisaríamos de apenas 46,68% do terceiro mês para recuperar o saldo final de R\$170,89. Se quiséssemos o resultado em dias, teríamos:

$$30 . 46,68\% = 14 \text{ dias}$$

O *Payback* é apenas mais um método para avaliar investimentos. Como qualquer outro, ele tem suas limitações. É importante perceber que os fluxos nunca são constantes e que, na prática, retornos maiores podem vir justamente após o período de recuperação do capital investido. Ou seja, podemos abandonar um projeto por julgar que o retorno é lento, sem considerar que ele poderia crescer exponencialmente após a recuperação do capital inicial.

EXERCÍCIO RESOLVIDO

Calcule o tempo de retorno do capital (*Payback*) do fluxo a seguir:

- Investimento: R$8.000,00.

- Taxa de desconto: 2,46%.

- Fluxos de retorno sequenciais:

  Período 1: 2.100.

  Período 2: 2.200.

  Período 3: 2.000.

  Período 4: 2.200.

Resposta:

Primeiro passo: desconto dos fluxos projetados na calculadora HP 12C:

Período 1

2.100	CHS	FV
0	PMT	
2,46	i	
1	n	
PV =	2.049,58	

Período 2

2.200	CHS	FV
0	PMT	
2,46	i	
2	n	
PV =	2.095,63	

Período 3

2.000	CHS	FV
0	PMT	
2,46	i	
2	n	
PV =	1.859,37	

Período 4

2.200	CHS	FV
0	PMT	
2,46	i	
3	n	
PV =	1.996,21	

Segundo passo: lançamento dos valores na planilha:

Período	Fluxo futuro	Valor atual	Saldo inicial	Amortização	Saldo final
Mês 1	2.100,00	2.049,58	8.000,00	2.049,58	5.950,42
Mês 2	2.200,00	2.095,63	5.950,42	2.095,63	3.854,79
Mês 3	2.000,00	1.859,37	3.854,79	1.859,37	1.995,42
Mês 4	2.200,00	1.996,21	1.995,42	1.996,21	-0,79

Interpretação: desprezando os centavos, podemos afirmar que o investimento inicial foi recuperado em exatos quatro meses.

Síntese

Neste capítulo, você descobriu mais uma importante atribuição do administrador financeiro, que com muita frequência precisa tomar decisões relacionadas a aplicações e investimentos.

Aprendeu também a importância de se estabelecerem parâmetros comparativos para realizar análises financeiras e conheceu os métodos mais utilizados pelo mercado: VPL, TIR e *Payback*.

O importante a frisarmos é que os métodos estudados aqui não são excludentes. Pelo contrário, eles se complementam. Caberá a você, em cada situação específica e dependendo da resposta que está procurando, aplicar um ou outro, ou mais de um ao mesmo tempo, se for o caso.

Questões para revisão

1. Explique, com suas próprias palavras, o significado da expressão *custo de oportunidade*.

2. Conceitue Taxa Mínima de Atratividade (TMA).

3. Marque com (V) as afirmativas verdadeiras e com (F) as falsas e, em seguida, assinale a alternativa que apresenta a sequência correta:

( ) Os investimentos diferem das aplicações em usos correntes, pois em geral envolvem a imobilização de recursos que são aplicados em ativos de baixa liquidez.

( ) Quando o investimento é realizado com capital próprio, o parâmetro a ser utilizado para a decomposição dos retornos é a taxa de juros média do mercado.

( ) As iniciativas de investimento devem ser balizadas pela análise de variáveis internas e externas.

( ) Risco e retorno são variáveis subjetivas, que variam de empresa para empresa.

( ) Em análises de investimento, a viabilidade financeira é medida pelas entradas de caixa.

( ) Despesas com depreciação representam saída de caixa, por isso devem ser provisionadas.

a) V – F – F – V – V – F

b) V – V – V – F – F – V

c) F – V – F – F – F – V

d) V – F – V – V – V – F

4. Sobre o Valor Presente Líquido (VPL), é correto afirmar:

a) É a técnica mais difundida para se medir a viabilidade de um investimento.

b) Consiste em descontar um fluxo de caixa esperado, trazendo-se todos os valores ao tempo presente.

c) VPL positivo significa que o investimento é viável.

d) Todas as alternativas anteriores estão corretas.

5. Assinale a alternativa **incorreta**:

a) A Taxa Interna de Retorno (TIR) é a taxa que iguala os fluxos descontados ao valor inicialmente investido.

b) TIR maior ou igual à TMA representa um investimento viável.

c) A TIR não é indicada para análises que envolvem vários projetos.

d) *Payback* é o método utilizado para se determinar o período necessário à recuperação de um investimento.

Para saber mais

Se você deseja aprofundar seus conhecimentos sobre análise de investimentos, consulte:

SOUZA, A.; CLEMENTE, A. **Decisões financeiras e análise de investimentos**: fundamentos, técnicas e aplicações. 6. ed. São Paulo: Atlas, 2008.

Para concluir...

Se realizarmos uma busca na internet ou em qualquer biblioteca de alguns temas apresentados neste livro, encontraremos um número muito grande de artigos e publicações de cunho científico a esse respeito. Alguns temas fundamentais, que foram explorados aqui em capítulos, justificariam a elaboração de obras específicas, mais completas e aprofundadas.

Em que pese a vasta bibliografia sobre finanças existente, e, na maioria das vezes, de muita boa qualidade, em meio eletrônico ou impresso, a contribuição desta pequena obra está em reapresentar temas conhecidos por meio de uma linguagem mais fácil de ser compreendida pelo público comum.

Além de simplificarmos um pouco a linguagem acadêmica, empregada na maioria dos manuais, procuramos ir além da mera apresentação de conceitos, indicando alguns caminhos a serem seguidos. As teorias são importantes, mas entre estudantes e, principalmente, entre o público leigo paira sempre a dúvida sobre como agir, com o que efetivamente se preocupar quando o assunto é gestão financeira. Apesar das limitações de espaço, procuramos avançar um pouco por esse caminho, sobretudo por meio do Capítulo 5.

Esperamos que essas especificidades tenham tornado a leitura deste livro mais útil e agradável. Diante de tantas publicações disponíveis, e do pouco tempo que os profissionais em geral têm para se atualizar, é preciso escolher aquelas que prezem pela objetividade e pela clareza, sem prejuízo do rigor científico.

Se precisássemos resumir tudo o que foi apresentado neste livro, transformando toda a teoria em uma única frase, a qual servisse de inspiração e de norte para a atuação dos profissionais que, de alguma maneira, são responsáveis por áreas fundamentais à gestão financeira, reduziríamos tudo o que foi dito ao binômio "planejamento e controle".

Mesmo com todas as dificuldades impostas pelas políticas econômica e tributária brasileiras, que a cada dia surpreendem o setor produtivo com uma nova norma, o planejamento de médio e longo prazo é fundamental para o sucesso empresarial. Nem que tudo saia errado ou que nada do que foi planejado se concretize, o ato de planejar, em si, já terá valido a pena, pois ele é um pretexto para se repensarem atitudes, metas e objetivos, isto é, para parar e refletir sobre o negócio. Grandes decisões ou ideias, muitas delas nem sempre relacionadas com os temas que estão sendo discutidos pelo planejamento, surgem espontaneamente desse processo.

Tão importante quanto o planejamento são os controles. Em mercados cada vez mais competitivos, com margens cada vez menores, criar mecanismos de controle e aplicá-los com rigor é, cotidianamente, uma condição indispensável de sobrevivência para qualquer negócio, seja de qual porte for.

É importante saber que controlar não significa burocratizar. *Controlar* significa criar procedimentos mínimos de salvaguarda do patrimônio. Sem métodos nem controles, não há caminho possível.

Às vezes de forma sutil, outras vezes de maneira mais enfática, esta pequena obra procurou incutir esses valores. Mais importante do que compreender detalhes, ou conhecer com profundidade as ferramentas operacionais, é ter o caminho orientado por tais valores.

Referências

BANCO DE CABO VERDE. **O que é o dinheiro?** Praia, Cabo Verde, 2006. p. 1-25. (Colecção Cadernos do Banco de Cabo Verde; Série Educação Financeira, n. 2). Disponível em: <http://www.bcv.cv/SiteCollectionDocuments/Publicacoes%20e%20Intervencoes/Cadernos%20de%20Educacao%20Financeira/caderno02.pdf>. Acesso em: 10 dez. 2012.

BRASIL. Lei n. 6.404, de 15 de dezembro de 1976. **Diário Oficial da União**, Poder Legislativo, Brasília, 17 dez. 1976. Disponível em: <http://www.planalto.gov.br/ccivil_03/leis/L6404consol.htm>. Acesso em: 10 dez. 2012.

BRASIL. Lei n. 11.638, de 28 de dezembro de 2007. **Diário Oficial da União**, Poder Legislativo, Brasília, 28 dez. 2007. Disponível em: <http://www.planalto.gov.br/ccivil_03/_ato2007-2010/2007/lei/l11638.htm>. Acesso em: 10 dez. 2012.

CAMARGO, C. **Análise de investimentos e demonstrações financeiras**. Curitiba: Ibpex, 2007.

CFC – Conselho Federal de Contabilidade. Resolução n. 1.055, de 7 de outubro de 2005. Relator: José Martonio Alves Coelho. **Diário Oficial da União**, Brasília, 24 out. 2005. Disponível em: <http://www.cgu.gov.br/PrevencaodaCorrupcao/Integridade/IntegridadeEmpresas/arquivos/RES_1055.pdf>. Acesso em: 10 dez. 2012.

CFC – Conselho Federal de Contabilidade. Resolução n. 1.282, de 5 de maio de 2010. **Diário Oficial da União**, Brasília, 2 jun. 2010. Disponível em: <www.cfc.org.br/sisweb/sre/docs/RES_1282.doc>. Acesso em: 9 abr. 2013.

CPC – Comitê de Procedimentos Contábeis. **Pronunciamento Técnico CPC 26 (R1)**: Apresentação das demonstrações contábeis. Disponível em: <http://www.cpc.org.br/mostraOrientacao.php?id=44>. Acesso em: 10 dez. 2012.

CREPALDI, S. A. **Curso básico de contabilidade de custos**. 3. ed. São Paulo: Atlas, 2004.

CRUZ, J. A. W. **Gestão de custos**: perspectivas e funcionalidades. Curitiba: Ibpex, 2011.

CRUZ, J. A. W.; ANDRICH, E. G.; MUGNAINI, A. **Análise das demonstrações financeiras**: teoria e prática. 3. ed. Curitiba: Juruá, 2012.

CRUZ, J. A. W.; ANDRICH, E. G.; SCHIER, C. U. da C. **Contabilidade introdutória descomplicada**. 5. ed. Curitiba: Juruá, 2012.

FABRETTI, L. C. **Contabilidade tributária**. 11. ed. São Paulo: Atlas, 2009.

GITMAN, L. J. **Princípios de administração financeira**. Tradução de Allan Vidigal Hastings. 12. ed. São Paulo: Pearson Prentice Hall, 2010.

GUINDANI, A. A. et al. **Planejamento estratégico orçamentário**. Curitiba: Ibpex, 2011.

HIGUCHI, H.; HIGUCHI, F. H.; HIGUCHI, C. H. **Imposto de renda nas empresas**: interpretação e prática. 36. ed. São Paulo: IR Publicações, 2011.

IBGE – Instituto Brasileiro de Geografia e Estatística. **Demografia das empresas 2010**. Disponível em: <http://www.ibge.gov.br/home/estatistica/economia/demografiaempresa/2010/default.shtm>. Acesso em: 18 mar. 2012.

IUDÍCIBUS, S. de et al. **Manual de contabilidade societária**. São Paulo: Atlas, 2010.

IUDÍCIBUS, S. de.; MARION, J. C. **Contabilidade comercial**: atualizada conforme o novo Código Civil. 7. ed. São Paulo: Atlas, 2007.

KUSTER, E.; NOGACZ, N. D. Administração financeira. In: FACULDADES BOM JESUS. **Finanças empresariais/FAE Business School**. Curitiba: Associação Franciscana de Ensino Senhor Bom Jesus, 2002. p. 37-48. (Coleção Gestão Empresarial, v. 4). Disponível em: <http://www.unifae.br/publicacoes/pdf/gestao/financas.pdf>. Acesso em: 10 dez. 2012.

LUNKES, R. J. **Manual do orçamento**. 2. ed. São Paulo: Atlas, 2007.

MARION, J. C. **Contabilidade básica**. 10. ed. São Paulo: Atlas, 2009.

OREIRO, J. L. et al. **Por que o custo do capital no Brasil é tão alto?** Curitiba: Conselho de Política Industrial da Confederação Nacional da Indústria: 2007. Disponível em: <http://www.boletimdeconjuntura.ufpr.br/textos_discussao/texto_para_discussao_ano_2007_texto_02.pdf>. Acesso em: 10 dez. 2012.

PADOVEZE, C. L. **Administração financeira de empresas multinacionais**: abordagem introdutória. São Paulo: Thomson Learning, 2006.

PADOVEZE, C. L. **Controladoria avançada**. São Paulo: Thomson, 2005.

PIVETTA, G. A utilização do fluxo de caixa nas empresas: um modelo para a pequena empresa. **Revista Eletrônica de Contabilidade**, v. 1, n. 2, dez. 2004/fev. 2005. Disponível em: <http://w3.ufsm.br/revistacontabeis/anterior/artigos/vIn02/a01vIn02.pdf>. Acesso em: 31 mar. 2012.

REBELATTO, D. (Org.). **Projeto de investimento**. Barueri: Manole, 2004.

SILVA, J. P. da. **Análise financeira das empresas**. São Paulo: Atlas, 2007.

SOBRINHO, R. S.; DALMAZ, C. Demonstração de fluxo de caixa: proposta didática de ensino de metodologia para elaboração pelo método indireto. **Revista Eletrônica Lato Sensu**, ano 2, n. 1, jul. 2007.

SOUZA, A.; CLEMENTE, A. **Decisões financeiras e análise de investimentos**: fundamentos, técnicas e aplicações. 6. ed. São Paulo: Atlas, 2008.

ZDANOWICZ, J. E. **Fluxo de caixa**: uma decisão de planejamento e controle financeiros. Porto Alegre: Sangra Luzzatto, 2000.

Capítulo 1

Questões para revisão

1. Possuir recursos circulantes disponíveis é essencial para o pagamento em dia das obrigações de curto prazo, como fornecedores, salários, impostos e encargos sociais. Como os pagamentos em atraso em geral são onerados por multas e encargos financeiros, a falta de disponíveis pode comprometer o resultado obtido por meio da atividade operacional da empresa.
2. O corte de investimentos pode comprometer o futuro da empresa se a redução for feita em algumas áreas estratégicas, tais como: treinamento de funcionários, manutenção de ativos essenciais à produção, pesquisa de novos produtos e gastos com assessoria.
3. c
4. c
5. d

Capítulo 2

Questões para revisão

1. Custos, despesas e investimentos.
2. Os custos diretos são aqueles que podem ser apropriados diretamente ao produto, sem necessidade de rateio. Os indiretos são os que requerem algum tipo de rateio para serem incorporados ao produto.
3. a
4. c
5. b

Capítulo 3

Questões para revisão

1. O orçamento é importante para o planejamento estratégico da empresa porque na sua elaboração são realizadas todas as projeções de venda e consumo de recursos para determinado período. Nesse sentido, ele acaba servindo para que o administrador reflita sobre as reais possibilidades de desenvolvimento de seu negócio.

2. O orçamento é importante para empresas em fase inicial porque ele demonstra com clareza a necessidade de faturamento futuro para que o negócio seja viável do ponto de vista econômico.

3. a

4. c

5. c

Capítulo 4

Questões para revisão

1. O fluxo de caixa projetado é uma demonstração das entradas e das saídas de disponibilidades previstas pela empresa para determinado período. A Demonstração dos Fluxos de Caixa (DFC) também apresenta, de forma sistematizada, informações sobre entradas e saídas, porém já realizadas. A DFC tornou-se obrigatória no Brasil a partir da Lei n° 11.638/2007 (Brasil, 2007).

2. Fluxo de caixa é a apresentação, de forma organizada, das entradas e das saídas de caixa em determinado período.

3. b

4. b

5. a

Capítulo 5

Questões para revisão

1. Capital de giro são os recursos de curto prazo à disposição da empresa, utilizados normalmente para o pagamento das obrigações geradas pela atividade operacional, tais como: fornecedores, despesas gerais, impostos, salários e encargos. Capital de Giro Líquido (CGL) é o que sobra do confronto entre o Ativo Circulante e o Passivo Circulante. O CGL pode ser positivo ou negativo.

2. Para evitar que os estoques se constituam em fonte de desperdício de recursos financeiros, é importante que algumas medidas sejam tomadas, tais como:
   - a criação de relatórios para o controle do estoque mínimo e para o monitoramento dos itens com movimento nulo ou abaixo da média histórica;
   - o controle periódico de produtos com redução de giro;
   - o controle físico rigoroso dos itens armazenados, por meio da realização de inventários periódicos etc.

3. c

4. b

   Resolução:

   (F): RE = (215.000 . 30) / 132.000 = 48,86 ou 49 dias.

   (F): Sim, é possível calcular o prazo médio de rotação dos estoques com os dados disponíveis.

   (V): PMR = (165.100 . 30) / 132.000 = 37,52 ou 38 dias.

   (F): PMP = (139.500 . 30) / 118.000 = 35,46 ou 35 dias.

   (V): PA = (49 + 38) / 35 = 2,48.

   (V): Sim, esse valor do índice mostra que a empresa administra bem os seus prazos de pagamento, de recebimento e de giro de estoques.

5. a

Capítulo 6

Questões para revisão

1. Quando aplicamos o nosso dinheiro em determinado negócio ou projeto, estamos renunciando a outras oportunidades de investimento. Chamamos de *custo de oportunidade* os rendimentos que esses negócios ou projetos alternativos poderiam nos proporcionar.

2. É a taxa utilizada para descontar os fluxos de caixa projetados, trazendo-os a valores presentes.

3. d

4. d

5. c

Sobre os autores

Emir Guimarães Andrich é mestre em Educação pela Universidade Federal do Paraná – UFPR (2005), graduado em Ciências Contábeis pela Unifae Centro Universitário (2005), com desempenho acadêmico reconhecido e certificado por essa instituição e pelo Conselho Regional de Contabilidade do Paraná. Já atuou de forma independente na área contábil e como professor de nível superior da rede privada para os cursos de Administração e Ciências Contábeis. Atualmente, trabalha como gestor do segmento varejista. É coautor dos livros *Contabilidade introdutória descomplicada* e *Análise das demonstrações financeiras*. Tem também formação na área de ciências humanas, tendo concluído pela UFPR os cursos de graduação em História (1995) e especialização em Sociologia Política (2004). Nessa área, atuou também como pesquisador e publicou em coautoria pelo Inep-MEC, no ano de 2006, o *Senso da Educação Superior do Paraná*.

June Alisson Westarb Cruz é pós-doutor em Administração pela Escola de Administração de Empresas da Fundação Getulio Vargas (FGV EAESP), doutor e mestre em Administração pela Pontifícia Católica do Paraná (PUCPR), especialista e graduado nas áreas financeira e contábil.

Tem formação em Corporate Governance pela Columbia University, Conselho de Administração pelo IBGC e Fundação Dom Cabral, Public Administration in Health pela La Verne University, Creativity and Innovation pelo Israel Institute of Technology e outras formações (Lifelong Learning).

É CEO do Marista Brasil, conselheiro de Administração e professor do Programa de Mestrado e Doutorado em Administração da PUCPR. É autor de vários livros e artigos científicos nas áreas de estratégia, governança e finanças corporativas.

Impressão:
Agosto/2023